山口組と戦国大名

我が国の民間暴力、未だ絶滅せず

横山茂彦

CYZO

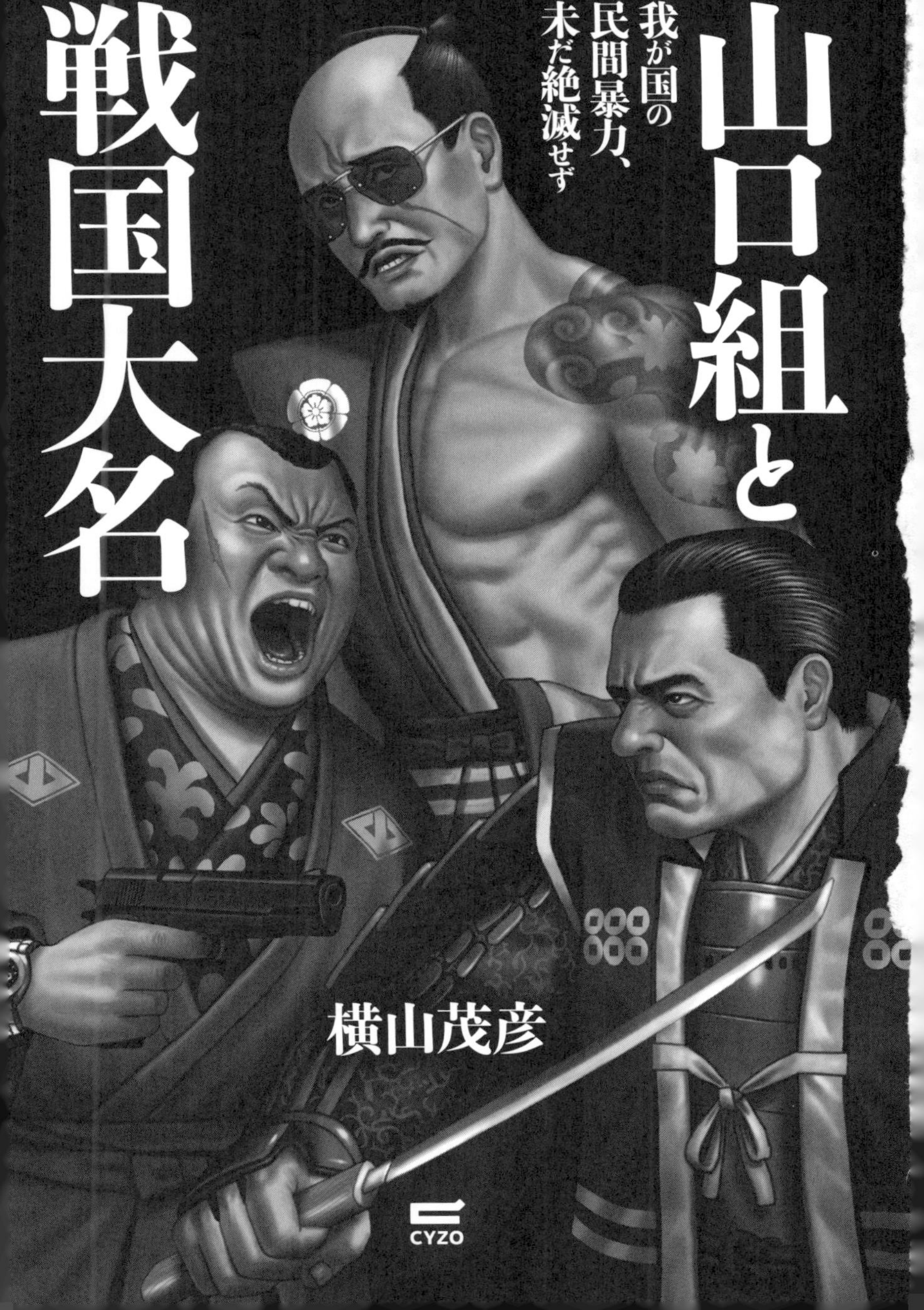

『山口組と戦国大名』

目次

第二部 山口組と織田組、天下布武の帝王学

第三部 山口組の内部抗争と過酷な粛清

——秘匿し継続されてきた掟と伝統……107

第四部 〝お上〟の逆襲 暴対法・暴排条例下

第五部 山口組の行く末
──暴力団をなくせるか？

［イラスト］
瞬く

［写真・図版協力］
恵文社・下村勝二・横山秀治
溝下秀男・Kaccin

社会形成あるいは文化形成の「起原」を考える場合には、形而上学的であろうと社会科学的であろうと、ほとんど例外なく暴力が顔を出す。ホッブスが国家形成を考えたときには「戦争状態」がゆるがせにできない思索の出発点になったし、J＝J・ルソーが「自然状態」から「社会状態」への移行を考えたときにも暴力が登場する。暴力現象は、社会形成の探究にとってどうでもよい随伴現象ではなくて、社会形成にとって内在的で必須のモメントなのである。

今村仁司『暴力のオントロギー』

序——場所（土地）をめぐる争い

われわれの遠い祖先がまだ、村や国家などの共同体を形成するはるか以前から、忌むべき暴力は存在していた。生きる糧《かて》を得るために、あるいは生存に適した居住地を確保するために、かれらは野獣のような暴力で他人のものを奪った。われわれの中に引きつがれた暴力の衝動（DNA）にあるのは、この生存への欲求であろうか――。

やがて苛酷な自然にひとり立ち向かう困難から、人々はたがいに争う愚をさけて共存し、力をあわせるようになった。それが村の発生であり、国家の原型である。

しかしまた、しだいに食糧がゆたかになるにつれて、ふたたび来るかもしれない飢餓への恐怖から、そしてより安定した生活のために、人々はこんどは集団で争いを起こした。村同士が、あるいは国同士が存亡をかけて争う。かくして、集団をもって肥沃な土地をあい争う、戦争の時代がやってきたのだ。

それはおそらく、国境が定まったいまも変わらない。国家および民族、先住民と移住者、宗教勢力間の領土紛争がない地域は、わずかな島国をのぞいてほとんどないであろう。島国の典型であるわが国においてすら、複数の隣国との領土問題をかかえている。そのような土地争いの暴力は、じつはわれわれの身近な繁華街にも存在する。われわれが生活をいとなむ土地から離れられない以上、当然のことなのかもしれない。

そうだとしたら、土地こそが暴力の源泉ということになる。深刻なのはこれまでの方法で抑えが効かなくなった暴力、そこに現出した無秩序であろう。たとえばこの十年間で、新宿歌舞伎町の「ぼったくり被害」の相談件数は四倍になったという。そして摘発される事件の被害額が半端ではない。一例をあげよう。

東京・歌舞伎町で高額な代金を不当に取り立てたとして、警視庁は、キャバクラ6店の経営者と従業員計十一人を東京都ぼったくり防止条例違反（不当な料金の取立てなど）の疑いで逮捕し、十六日発表した。一店は八〇分飲んだ客九人に対し、二六六万円余りを請求した疑いがあるという。保安課によると（中略）他の5店の従業員七人も約十七万円～五十四万円を不当に請求した疑いがある。同課の説明では、歌舞伎町では今年1～5月にぼったくりに関する110番通報が一三五〇件あった。（二〇一五年六月十六日・朝日新聞）

歌舞伎町にかぎらず、各都市の盛り場で同じようなことが起きている。これらのぼったくりは、暴力団対策法と暴力団排除条例で食えなくなった末端ヤクザが、手っ取りばやい稼ぎ《シノギ》に走っているのだろうか。それともヤクザ組織の支配がゆるんだから、にわかに悪質業者のぼったくりが横行しているのか。

おそらく実態はその両方なのであろう。ヤクザが組織的に仕切っていた縄張《シマ》りが、暴対法および暴排条例によってヤクザの側にとっては封じられ、一般に解禁されたことは事実なのだから――。

歌舞伎町が安全だったのは過去の話になったと云うのは、「東京ブレイキングニュース」編集長（「実話ナックルズ」元編集長）の久田将義である。

> 暴力団の繁華街における『力』は隠然としてあるが、暴対法、暴排条例によって大っぴらに活動できなくなった。その間隙を縫って活動し始めたのが関東連合や怒羅権といった暴走族ＯＢの集団である（どんな法や条例を作っても人間社会が存続する限りなくならないだろう。形を変えてもアウトローは存在する。それが人間の裏面史だからだ）。
>
> 警察庁が関東連合や怒羅権、その他暴走族ＯＢたちを想定して付けた『準暴力団』なる呼称を発表して、しばらく経つ。――（引用者中略）――暴力団取り締まりの次は、準暴力団を取り締まろうというのだろうが、準暴力団は組織化していない。つまり暴力団のよう

に事務所もなければ組長（?）もいない。構成員もわからない。

久田将義が云うとおり、ヤクザ（暴力団）は圧倒的な威力をもって繁華街を仕切ってきた。当代を継いだヤクザの親分たちは、襲名にさいしてかならず「地元の治安維持がわれわれの任務である」と公言してきたものだ。少なくとも地域社会は、その存在を必要悪として許容してきた。

警察もヤクザの威力で治安維持の隙間を補完し、事件が起きたときは彼らに情報をもとめてきた。そして時には彼らに事件を背負わせることで、警察権の実効をはかってきたのである。あたかも、江戸時代の町方与力・同心と岡引《おかっぴき》、そしてその手下のならず者の関係のごとく。だれもが知る慣用句となっている「二足の草鞋《わらじ》」とは、いっぽうで悪事を働くならず者でありながら、お上の御用にも協力する者たち。ヤクザ者の倣《なら》いという意味である。公然と暴力団追放を叫びながら、政治権力と警察組織はつねにその「二足の草鞋」を利用してきた。政治家は集票マシーンとして、警察は治安維持力として。

ヤクザが治安維持をになうとされる縄張り。そこには本来の所有者とはちがうヤクザによって縄張りの線が引かれ、守り代（みかじめ料）という利権が存在する。かつてはその見返りとして、日々の安全が威力によってもたらされてきた。繁華街にヤクザがいなければ、とくに屋台や露天商は秩序なく増殖してしまい、街の治安がたもてなかった。

しかしそのいっぽうでは、縄張りをめぐって深刻な抗争事件が頻発してきた。この弊害こそが、治安当局にとっては大きな問題であった。治安維持の協力者だった者たちが、抗争事件で街をおびやかすのでは困る。さらには一時期、地上げという業態に進出してきたヤクザは、土地の支配権のみならずその私的所有にまでおよんだ。

もともと地域社会（利害のある者たち）にとっては必要悪ではあるが、市民社会的（利害のない者たち）には絶対悪に転化する、この厄介な存在がヤクザである。そしてヤクザの暴力は縄張りと不可分である。そもそも「縄張り」という言葉は、江戸期の博徒たちが賭場の周囲に巡らせた警報用の縄であり、界隈《シマ》や店の場所《ショバ》という別名を持っている。あたかも彼らはその縄張りを、所有者であるがごとくに実効支配する。これは日本の歴史的な慣習である。

じつは日本の歴史は、土地の（私的）所有という概念が明確ではなかった。古代の律令制王権は最初、班田として国民（公民）に土地を貸し出し、その死とともに国庫に回収していた。公地公民制である。ところが永代借用権たる荘園が発生すると、没落した公民が土地に付属する荘民として流れ込むことになる。そこには集団による、効率のよい農耕方法があったのであろう。

こうして公地公民制は掘り崩されたが、依然として土地所有はあいまいなまま、荘園も徴税される公領として存在した。これを荘園公領制という。そこでは荘民とその生産物を管理する立場の荘官、徴税する立場の国司と地頭、警察権を行使する守護（受領）がさまざまな権利を得ることになった。かように重複した土地への権利。その権利関係を左右したのは、最終的に武力（暴力）であった。

その歴史を反映したからではないだろうが、おカネが発生する繁華街を実効支配するのは、所有者ではなく暴力の行使者である。たとえば暴力団追放運動でヤクザを排除した街が、それに代わる治安維持者を組織する。それは街の警護組織（商店会のパトロールや町会・自治会・暴力追放団体）であったり、直接に警察力である場合が多い。そこに所有者や営業者から資金が流れ、あるいは税金が投入される。この構造は本書の後段で明らかにするが、そのような組織もけっきょくのところ、強制力の行使、揉め事を取り仕切る能力にかかっている。

いったい誰が街（土地）を仕切るのか――。ヤクザ（暴力団）を排除するいじょうは、それに代わる威力が必要なのだ。市民（町会や自治会）が自衛的に啓蒙活動をすることはできても、実力をもって治安維持をになうことはできない。警察力で犯罪は取り締まれても、民事不介入の原則では街を仕切れない。だから久田将義が言うとおり、組織化されていない暴力があらわれ、街を支配しようとするのだ。統制力をうしなってしまった街は、新たな暴力を生む。街はさらなる超法規的な条例を必要とするのだろうか――。

ひるがえって、警察権力が本来の役割を発揮しようとすれば、ヤクザ（暴力団）を反社会的勢力として壊滅させようとするのは当然であろう。その思惑の乖離や矛盾、独自の利権追求などは後述するとして、ここでは日本の歴史が土地の実効支配をめぐって抗争をくり返し、暴力によってそれが果たされてきた、その本質に注目しなければならない。

治安維持において国家の本質が暴力装置である以上、その社会に対するありようが問題になってくるはずだ。われわれはヤクザによる街の暴力支配を忌避するが、独裁的な警察国家がそれに代わるのを歓迎するものではない。暴力とその排他的な独占（実効支配）がヤクザにおいても、警察においても同じ内実を持っているからだ。北朝鮮の政治体制や少数民族に対する中国の公安当局をそれとして見れば、誰しも同じ視点に立つはずである。戦前の日本もそうだった。たとえばパリにおけるＩＳテロに対して、フランス武装警官と軍隊の剝き出しの戒厳令状態（「緊急状態法」による）はどうだろう。週に数百件をこえる裁判所の許可によらない強制捜査、週に数十人の身体拘束。その鉾先はいずれも、移民系をふくめた市民に向かっている。テロとヤクザ犯罪の因子を予防的に取り締まろうとするとき、その鉾先は一般市民に無差別に向かってくる。

誤解を恐れずに言えば、ヤクザと警察は暴力の本質において変わるところがない。両者は単に公的な威力であるか、民間の威力であるかにすぎないのだ。現象においても同じである。個別的な態様において多くは罷免（排除）されるが、警察官にも許すべからざる犯罪者は多いし、ヤクザにも敬愛すべき仁徳者は少なくない。

たとえば警察官の犯罪を収録したサイトを閲覧すると、おびただしい数の警察官犯罪が出てきてしまう。ここに書くのも憚られる破廉恥な事犯が少なくない。数字を挙げよう。平成二十七年に処分された警察官二九三人（逮捕者七二人・年平均およそ二〇〇～五〇〇人）のうち、三分の一以上が性犯罪なのである。警察官が精神的抑圧の多い階級的な職種とはいえ、わたしはヤクザにおいてはこの種の犯罪例を寡聞にして知らない。イジメやパワハラも深刻であるという。むろん、圧倒的多数である誠実で勇敢な司法警察官たちの存在を、承知したうえでの感想である。ここでいったんわれわれは、歌舞伎町の現場を離れよう。

これからわれわれが俯瞰《ふかん》するのは、歴史上の暴力が「おおやけ」であるか否かを問わず、現象においては、ヤクザ（暴力団）のそれと寸分も変わりない史実である。周知のとおり、歴史上の「おおやけ」は勝者のものにすぎず、そこからまた新しい時代の規範が構築されてきた。時代の規範の実質は土地の占有権・支配権であり、その権利はつねに暴力にささえられてきた。

ヤクザと戦国大名――この怖いもの見たさの好奇心と共犯関係をむすびながら、われわれは暴力の磁場に引き寄せられる。両者がきわめて似ているからだ。

「関東の武士たちは、何を求めて源氏に従うのか。それはズバリ、土地の所有権です」「土地の領有を主張して、しのぎを削っている」「モノをいうのは実力であり、もっと端的にいうと武力、暴力になるわけです」（『戦いの日本史』角川選書）と本郷和人（東大歴史編纂所教授）は云う。やはり土地の所有権にとって、暴力の問題は避けがたいのである。

まずここに暴力の本質を解くキーワードとして、土地の所有権が挙げられた。厳密には占有権および支配権がふさわしいけれど、もはや実効支配という意味では同義であろう。

ちなみに、土地から国家的な徴税が行なわれるかぎり、その土地は公的存在である。古代の荘園における不輸不入（税金を出さないし徴税官も入れない）、応仁の乱以降の戦国大名たち、土地の分配権を掌握した徳川将軍家いがいに、土地を私的に所有した勢力はない。日本の土地はおやけ（公地）なのである。転売が可能になった現代の近代的土地所有においても、固定資産税を払わなければ法律に問われ、最終的には土地を没収される可能性がある（国税徴収法第四七条・差し押え）。

土地の争奪と所有が暴力を生む——。古代王権いらい、わずかに平安期の軍隊なき時代をのぞいて、本朝の歴史の大半は暴力による土地争いであり、土地が生む利益の争奪戦であった。生命をはぐくむ土地にこそ、暴力がやどっているのだ。

たとえば暴力を男性の武力によるものとする立論には、あえて異をとなえたい。忌むべき暴力の発生の根拠を男性性に、あるいはテストステロンなどの男性ホルモンに帰するのは社会科学的検証の放棄であろう。かりに生理学的な立論が可能だとしても、戦国時代には女性も合戦に参加していた（鎌倉材木座と沼津千本松原の遺骨のうち、三割が女性兵士だった考古学的な史実）。あるいは少女の不良グループが存在するとおり、若い世代の暴力は男性の特権ではない。男尊女卑の任侠界においてすら、女親分や女侠客は歴史的に存在してきた。女性によるＤＶもけっして珍しくはない。

したがって、暴力の根源をつまびらかに知ろうとすれば、やはりわれわれの社会形成と政治史のなかで、とりわけ剝き出しの対立が生まれる土地争い、縄張り争いに注目せざるをえないのだ。暴力による土地争いこそがわが国の歴史だったのならば、中世の考察をさらにその制度の根源である古代へとさかのぼり、土地争いが生み出す「暴力の発生」にせまってみよう。

第一部

山口組という戦国

――終わりなき縄張り争い

国有か私有か、天皇と貴族たちの抗争

古代史のなかで最もよく知られ、わかりやすい事件のひとつに道鏡神託事件がある。平城京の末期のこと。孝謙（称徳）女帝の寵愛をうけた僧・弓削道鏡《ゆげのどうきょう》を帝位に就けるよう神託がくだり、それを確かめに和気清麻呂が宇佐神宮に派遣された出来事である。

その結果、宇佐の八幡神（のちに八幡大菩薩）は「わが国は開闢《かいびゃく》いらい、臣下の者が帝位に就いた前例はない。天つ日嗣《あまひつぎ》には、かならず皇族を立てよ」との託宣を下した。これを朝廷に報告した清麻呂は女帝の怒りを買い、別部穢麻呂《わけべのけがれまろ》と改名させられたうえ、大隅国に左遷されたという。

この逸話がじっさいには、朝廷と藤原氏の土地争いであり、帝の後継までふくめた政局だったといえば、おどろかれる向きも少なくないのではないだろうか。これまで道鏡事件は和気清麻呂の忠臣譚としてのみ語られ、その裏側にある謀略は見のがされてきた。

神託事件の翌年、女帝は静養先で体調をくずして平城京にもどり、そのまま密室の中で不慮の死をとげた。藤原氏による暗殺だったという説が根づよい。享年五十三の女帝に子はなく、後継を託す遺詔《ゆいしょう》もなかった。このとき藤原一門は自派の白壁王を皇嗣にとさだめる宣命《せんみょう》を、ひそ

かに偽造したといわれている（『日本紀略』＝平安時代成立の史書）。

女帝の死によって、班田収授法（公地公民制）および三世一身法（開墾すれば三代まで所有できる）を柱とする律令制の土地政策は大きくゆらぎ、平安時代の貴族政治への道がひらかれたのである。貴族政治の基礎はすなわち荘園の開拓、大規模な土地の専有・私物化にほかならない。

この政争の概観、そして道鏡事件の真相を、最新の研究とともに解説していこう。

蘇我氏を滅ぼした大化の改新（乙巳《いっし》の変・六四五年）によって、それまでの豪族連合による政治が終焉し、天皇を頂点にした律令政治が始まったのはご存知のとおり。この改新は、中大兄皇子（天智天皇）と中臣鎌足（藤原氏の祖）の功績とされる。

土地の国有化と税制改革を推し進め、墳墓を勝手に造ってはならない、太政官制と位階制の改革、刑法の完備など、古代国家のかたちが定まったのである。律令制の整備のために遣唐使がさかんに送り出され、皇統の正統性をしめす『古事記』と『日本書紀』が編纂されたのもこの時代である。

天智・天武・持統の各天皇のもとでこの政治改革は進められ、大宝律令（七〇一年）・養老律令（七五七年施行）にいたって法体系の完成をみた。天皇を頂点とした、古代官僚制が確立されたのである。そして孝謙女帝の父である聖武帝の時代に、全国の国分寺と盧舎那大仏（奈良の大仏）が建立され、古代仏教国家の威容がそのすがたをあらわした。

ところが、律令政治は貴族たちの政争の舞台でもあった。改新の立役者・中臣鎌足の子であり、律令制確立に貢献した藤原不比等が亡くなると、その政権を引きついだ四人の息子たちは相次いで天然痘に斃《たお》れた。政局は混乱をきわめたが、聖武帝の仏教国家建設は粛々と続行される。

そして、その聖武帝が没する。先をいそぐので政治事件だけ挙げておこう。

七二九年　長屋王（藤原氏の反対勢力）の変。
七四〇　藤原広嗣《ひろつぐ》の乱。
七四九　聖武帝没、孝謙帝即位。
七五七　橘奈良麻呂が謀反を企て、鎮圧される。
七六四　藤原仲麻呂が道鏡を排除しようとして反乱を起こす。鎮圧。
　　　　帝位を降りていた女帝が称徳天皇として重祚。
七六九　道鏡神託事件。

長屋王の変は誣告事件であり、王が藤原氏からの立后（光明子）に批判的だったからだと云われている。その後の三つの反乱（広嗣の乱・奈良麻呂の乱・仲麻呂の乱）は、兵力を動かしての本格的な抗争である。すべて藤原氏がらみであった。個々に解説しよう。

藤原四兄弟の死後、玄昉《げんぼう》や吉備真備ら中国帰りの仏教勢力に圧迫された藤原広嗣は、配所の大宰府で兵を挙げたが、板櫃川（北九州市八幡東区）で官軍に追い返された。その後、五島列島で捕らわれ、奈良で処刑された。この時期の平城京は、仏教勢力が圧倒的な力を持っていたのである。

藤原氏が勢力を削がれるなかで、台頭してきたのが橘諸兄とその子・橘奈良麻呂だった。しかし、すぐに足もとをすくわれた。朝廷を批判したと誹謗されて諸兄が無念のうちに逝去したあと、奈良麻呂は兵を勝手に動かそうとした疑惑で事前に鎮圧されたのだ。

奈良麻呂の側に陰謀があったのは事実だが、彼を排除する陰謀も確かにあった。『続日本紀』の記録によると、早い段階で兵の動員計画が察知されている。奈良麻呂は殺されていないようだが、六名の仲間が鞭打ちの刑で絶命している。われわれが歴史の授業のはやい段階で、「笞《ち》杖《じょう》徒《ず》流《る》死《し》」と暗記した律令刑罰のうち、比較的軽いとされる笞《むち》で殴り殺されたのである。軽微な罰であるはずの笞打ちで殺したところに、つよい政治的意志が感じられる。

事件の背後にいたのは、女帝とともに大仏を完成させた藤原仲麻呂である。橘奈良麻呂は大仏建立反対派だったのである。この事件（橘氏と藤原氏の抗争の決着）をつうじて、藤原氏の権勢が復活したかにみえた。

だが、その仲間呂も道鏡を除こうとして、女帝と不仲になってしまうのだ。政治センスのある仲麻呂は政局の矛盾を新羅出兵で乗り切ろうとするが、みずからの手で左遷していた吉備真備が造東大寺司（巨大国家プロジェクトの全権）に就任したこともあって、次第に追い詰められていく。そして橘奈良麻呂と同じく、兵力を集めようとして事前に察知され、自派の勢力がある近江に逃れようとしたところを討たれた。

古代日本には高度な官僚システムがあった

これら古代の内乱をみているとき、気づかされるのは官僚制度がかなりの精度をもって確立されていることだ。いずれの謀叛も事前に、兵の動員が事務的な連絡網に引っかかっている。本郷和人によれば、律令制の条文とその体系は、のちの武士階級ではとても完成させることのできないほど難解で高度なものだったとされる。中国の高度な官僚制を模した律令条文は、無学な武士には読み下すことすら出来なかったという。

したがって高度な官僚制のもとでは、みずから持てる兵力ではなく、役職によって動員できる権限がつよくなっていた。ぎゃくに言えば、それぞれが後年の武士のように独自兵力を持たない、朝廷内部の権力闘争にすぎなかったことを意味している。つまり貴族たちは、高度な官僚システムの歯車にすぎなかった。そこに武装叛乱が成功しない理由があったのだと、わたしは思う。

官僚制度の骨格は明治期の次官会議に起源があるというのが定説だが、江戸時代はすでに身分制のヒエラルキーに縛られた官僚国家だった。そしてその源流は、律令制の官僚システムにあったのではないだろうか。じっさい、戦国時代・江戸時代においても律令制の位階は生きていたし、それは叙勲制度として今も生きている。

ところで、古代の政争において重要なのは、貴族たちの反乱抗争の動機であろう。わけても争点は、聖武天皇が許していた「墾田永年私財法」（天平一五年『類聚三代格』）が、女帝と道鏡の手でくつがえされたことにある（墾田私有禁止太政官令・天平神護元年＝七六五年）。藤原氏の権力への執着は、まさにこの土地政策をめぐってであった。

この永年私財法とは開墾地の私物化であり、土地の国有制を掘り崩すものにほかならなかった。立法の主旨は、班田収授では耕す側（農民）が土地に愛着がわかないから、田畑の手入れがなおざりになってしまう。だから、土地を永代使用させてしまいましょう、というものである。

いっぽう、大仏と国分寺建立のために莫大な資金を必要としていた聖武帝は、貴族たちや寺社に開墾をうながし、それを財源としたのだった。ところが娘の女帝は、土地の私物化が国家の屋台骨をゆるがすものと、厳にこれを禁じる。

皇統史上、初めての女性皇太子となり、あいつぐ政変のなかで二度即位した女帝は、まさに実力派の天皇だった。彼女は父・聖武帝と母・光明子（悲田院＝貧民救済組織で有名）の仏教保護策を継承し、大仏建立を自分の使命と感じていたことだろう。

いっぽう藤原氏をはじめとする貴族たちは、そもそも大仏建立と国分寺・国分尼寺を、民衆に犠牲を強いる無駄な公共事業だと考えていた。橘父子はとくにそういう立場だったので、大仏建立積極派に狙い打ちにされた形跡がある。この時期、民衆は疫病と凶作に苦しんでいた。その災禍を神仏の力で乗り越えるために、さらに国分寺建立の重税が課せられるという、いわば悪矛盾に陥ったのである。

一連の叛乱劇は、藤原氏をはじめとする貴族たちの焦りにほかならない。いまや太政大臣となった道鏡のみならず、道鏡の腹心の円興、基信も大臣と参議に列せられ、吉備真備らの仏教勢力が朝廷に座を占めていることに、貴族たちは危機感を持った。道鏡神託事件とは、そのような政治地図のもとでくり広げられた、政治謀略だった。

それではいよいよ、藤原一門の陰謀としての道鏡神託事件を解明することにしたい。

宇佐神職団の派閥抗争

道鏡はのちに怪僧と評された人物だが、彼は女帝の仏教政策を身をもって体現していた。国家も帝の権力も、仏教の精進によってこそ保障されると考える女帝にとって、道鏡は理想の政治家だった。血筋よりも努力というわけである。われわれは女帝の宣命に、このようなくだりを見出す。

「この禅師（道鏡）の行を見るに、至りて浄《きよ》く、仏の御法《みのり》を嗣《つ》ぎ隆《ひろ》めむと念《おも》ほしまし、朕をも導き護ります己が師」と、ベタ褒めである。

ただし、女帝には藤原仲麻呂（女帝にとっては従兄）と蜜月だった時期に、その私邸・田村第に招かれては宿泊するなど奔放な一面があったので、道教と男女の関係であったという風評も不思議なことではない。前述したとおり、彼女は実権のある意欲的な政治家だから、権力を私欲することもあったように感じられる。道鏡を批判した淳仁帝（仲麻呂が後見）を廃したのは、彼女のつよい意志によるものだった。

ここからしばらく『宇佐神宮の研究』（中野幡能編、国書刊行会）の「道鏡事件の謀略と史的背景」（清輔道生）をたよりに、事件の経過をたどってみることにする。

伊勢神宮の神官から、慶雲の吉兆がもたらされたのが政争劇の発端だった。女帝が宮中から眺めた七色の雲を、伊勢神宮の神官・伊勢守が「五色の瑞雲」としてスケッチしたものを奏上したのである。これを自分の治世を祝福するものとして、女帝はおおいに喜んだ。そこで道鏡は、伊勢神宮との橋渡し役になった腹臣の習宜阿曽麻呂《すげのあそまろ》を、宇佐神宮に派遣したのである。

この宇佐神宮は大仏建立のときに、銅を新羅から輸入しようとした朝廷に対し、その必要はないと神託を下したことがあった。その後、長門と秩父から銅が発見され、宇佐神宮はおおいに面目をほどこした。ために、大仏建立にさいしては八幡神を奉じて入京し、聖武上皇と女帝を喜ばせている。

はたして、阿曽麻呂が持ち帰った神託は、道鏡自身に関するものだった。女帝を満足させる神託が下ればと思っていた道鏡だが、意外なことにその託宣は自分を帝位に就けよというものだったのである。女帝もこれには驚いた。そこで、日ごろ頼みにしている和気広虫の弟・清麻呂を宇佐に派遣して、いまいちど神意を確認することにした。それと知った道鏡は清麻呂を厚遇し、その親族に賜姓をしている。つまり和気清麻呂はもともと、女帝と道鏡の配下の者だったのである。

いっぽう、藤原一門の参謀である藤原百川（のちに女帝の遺詔を偽造したとされる人物）は、阿曽麻呂が宇佐神宮から受けた神託が、偽物であることを察知していた。じつは阿曽麻呂は宇佐神宮の宮司・宇佐池守《うさのいけもり》、その禰宜である辛島与曽女にいったん神託を断られていた。そこで宇佐から追放されていた大神田麻呂《おおがのたまろ》に頼みこんで、偽の託宣を得ていたのだ。百川は大宰府の大弐(次官)をつうじて、この阿曽麻呂の偽托の料紙を取り上げていた。いわば、偽の神託の動かぬ証拠である。

この事件の裏には、宇佐神宮の神職団の派閥抗争があった。大神田麻呂とその従姉の大神杜《おおがのもり》女《め》は、大仏建立のときに入京して官位を賜わった弥勒信仰の一派で、国造家の宇佐池守と対立していた。大神が弥勒信仰なら宇佐は観音信仰という具合に、神宮内で張り合っていたのである。

大神田麻呂と杜女は橘奈良麻呂派の僧侶にさそわれて、藤原仲麻呂を厭魅《えんみ》(呪詛)したことがある。この呪詛が発覚し、律に違反したとして朝廷から処分された身であった。そのとき、杜女たちに神威を汚された八幡神は、伊予国に遷座されている。藤原百川はこの杜女と田麻呂を大宰府に出頭させ、阿曽麻呂から奪った料紙をみせて偽託を詰問したのである。杜女と田麻呂は、動かぬ証拠に恐懼するしかなかった。

そして、和気清麻呂が勅使として宇佐に下向すると、百川は田麻呂らに、今度は道鏡の帝位への野望を打ち砕く、再度の偽託を強要したのである。偽託の見返りは、宇佐神宮の宮司職への復帰である。神託ならぬ偽託の場所は、宇佐池守が八幡大神のために設えた大尾神社《おおじんじゃ》(宇佐神宮内の東の丘にある摂社）だった。

神託の当日、天空は荒れ狂い雷鳴が鳴り渡ったという。僧形の八幡神があらわれ、「わが国は開闢《かいびゃく》いらい、臣下の者が帝位に就いた前例はない。天つ日嗣《ひつぎ》には、かならず皇族を立てよ」とぞ、のたまへり。一同、神威にひれ伏す。この偽の神託こそ、藤原氏と大神一族の陰謀であった。

ここからさきは、わたしの仮説である。問題にしなければならないのは、瓢箪から駒の道鏡の帝位への野望、女帝の願いが頓挫した背景にある、藤原氏の政治的思惑であろう。すでに述べたとおり、事件後の女帝の求心力は急速に低下した。病をえたのちに密室で暗殺された可能性がきわめて高い。平城京に残されたのは、藤原氏の大いなる権勢であった。

したがってここからわかるのは、通説である和気清麻呂の業績（忠臣説）が陰謀劇による結果を解釈したものにすぎないことだ。清麻呂は女帝と道鏡の権勢を恐れない皇統への忠臣とされるが、じつは藤原百川らの陰謀に踊らされたのである。結果的には、天皇を貶めようとする藤原氏の手先となってしまった。清麻呂の業績を正当に評価するならば、桓武帝のもとで発揮した、平安遷都の執行官としてであろう。清麻呂の記念像はしたがって、皇居前や宇佐神宮ではなく、京都にこそ建てられてしかるべきだ。

そして藤原一門の陰謀の動機は、仏教勢力が朝廷を支配することへの忌避であって、とくに道鏡が帝位に就くことへの危機感だった。だが、それ以上に藤原一門が嫌ったのは、女帝が墾田永世私財法を廃止したことであろう。貴族の荘園経営をみとめない女帝を、藤原一門は謀略をもって排除したのである。

爾後、仏教と土地の支配権は国家のものではなくなり、藤原氏をはじめとする公家・寺社権門の手に落ちた。長岡京遷都をへて平安京の時代に移り、藤原一門が摂関家として栄華をきわめるのは周知のとおり。国土は私物化されたのである。

卑弥呼の本当の名前は、日巫女か日皇女だった？

道鏡事件で神託が偽造された背景には、〈神頼みの政治〉から〈高度な官僚政治〉への移行があった。神託をもとにした神がかりの天皇親政が排除され、貴族による官僚政治がはじまったのである。

奈良朝の末期、神託はすでに妖術として嫌われるようになっていた。あるいは律令制組織の中で、神託は忌避される不確実な要素と考えられていたと思われる。宇佐神宮における実務官僚派の宇佐池守と、シャーマン系の大神杜女・田麻呂の対立がその典型である。宇佐氏と大神氏のほかにも、新羅渡来系の辛島氏が神職の一員をつとめ、これも神託を売り物にして宇佐氏と対立・協商していた。そしてこの宇佐神宮には、シャーマンを女王とした邪馬台国説が根づよくあるのだ（高木彬光『邪馬台国の秘密』ほか）。

邪馬台国の女王である卑弥呼（ヒミコ＝あまねく卑しいと呼ばれた）という名前は、魏の使者が勝手に矮小な当て字をしたものであろうことを、われわれは修辞的・論理的に知っている。史料に文字化されていない仮説や推論は、文献史学の禁じるところだが、あえて蓋然性のある推論を進めよう。

卑弥呼《ヒミコ》が巫女であるのは「鬼道をよくする」という魏史の記述に明らかである。したがって、魏使が日巫女《ヒミコ》もしくは日皇女《ヒミコ》を「卑弥呼」と漢字化したと推理するのは可能であろう。おなじく、卑弥呼が戦ったとされる狗奴国王の卑弥弓呼《ヒミココ》は、日命《ヒミコト》と解釈できる。研究機関に属さない民間歴史研究家の少なくない人々が、今日ではこのような仮説を採用している。そして大神杜女や辛島与曽女は、そのヒミコの後継者（女性シャーマン）だったと考えられる。しかし戦乱と激動の時代には解決策となる神託も、平時には社会不安をもたらす。

たとえば、皇極女帝の治世の四年（六四六年）に、富士川辺で揚羽蝶《あげはちょう》の幼虫を現世神《うつしよがみ》とあがめる、大生部多《おおうべのおお》なる巫覡《ふげん》（男性の呪術師）があった。この幼虫を祀れば、貧しい者は富み老いた者も若返ると吹聴したので、民びとはこぞって家財を喜捨して、虫を祀るために歌舞音曲にふけった。

やがてこの流行は都にも波及し、私財を投じて破産する者が出るにいたった。これを懸念した秦河勝《はたのかわかつ》により、大生部多は討伐されたのだった。こうした呪術や迷信による社会現象は、聖武帝、孝謙女帝の神仏重視政策によって、さらに加速して蔓延していたと考えられる。女帝と道鏡の仏教政策も、僧侶の国家統制を柱とするものであったから、逆にいえば統制が必要なほど呪術や私度僧が蔓延していたことになる。

いずれにしても、巫女であれ僧侶であれ呪術の流行は社会不安をあおる。もともとは、巫女をシャーマンとした原始神道に仏教思想が結合して、さまざまな呪術が流行り、巫女・巫覡が民間で活動するようになったのである。統治と結びつかないお告げは迷信にすぎないが、それゆえに人心を大いに揺るがす。律令の官僚体制が完備したとき、人心をゆるがすシャーマンは弊害となっていた。とくに、法が支配する官僚制度をめざす、藤原氏などの貴族階級においては――。

仏教勢力と巫女（神託）の癒着、これが天平後期の女帝政権の宗教的な骨格である。そして道鏡事件の本質は、偽神託による社会不安を再度の偽神託でコントロールした、藤原一門の陰謀だったと云って間違いないだろう。

もうひとつ、宇佐神宮のような神社が仏教国家にコミットしたことに、読者諸賢は単純な疑問を感じられるのではないだろうか。神道の神社が、なぜ仏教に関与できたのか？　これにも答えておきたい。

大神杜女は神職（禰宜《ねぎ》）でありながら、大仏建立にさいしては尼僧姿で入京したという。巫女でもあり禰宜でもある杜女が執務したのは、宇佐神宮の小椋山にある本殿ではなく、境内の中央（やや西側）にある弥勒寺という寺院であった。宇佐神宮の神である僧形の八幡神とは、そもそも神なのか仏なのか――。

この疑問に答えておくことは、本書の主要な登場人物である任俠道の人々の儀式を知るうえでも理解を容易にするはずだ。

仏教と神道のはざま

じつは筆者は、幼いころから宇佐神宮に親しんできた。戦前に祖父が宇佐神宮の宮司職を務めていたことで、宇佐には未亡人となった祖母が神宮公邸に住んでいて、従姉兄や姉弟たちと夏休みや連休を宇佐神宮で過ごすことが多かった。神宮境内の森は適度に間伐《かんばつ》され、蟬《せみ》採りには格好の場所だった。ドジョウやフナを釣る川の水も豊かだった。

すでにふれた大尾神社は秋にドングリが多い場所で、よく従兄たちと遊んだ記憶がある。なぜ上宮本殿のある小椋山から離れた場所に、長い石段の立派な摂社（神宮内の小神社）があるの

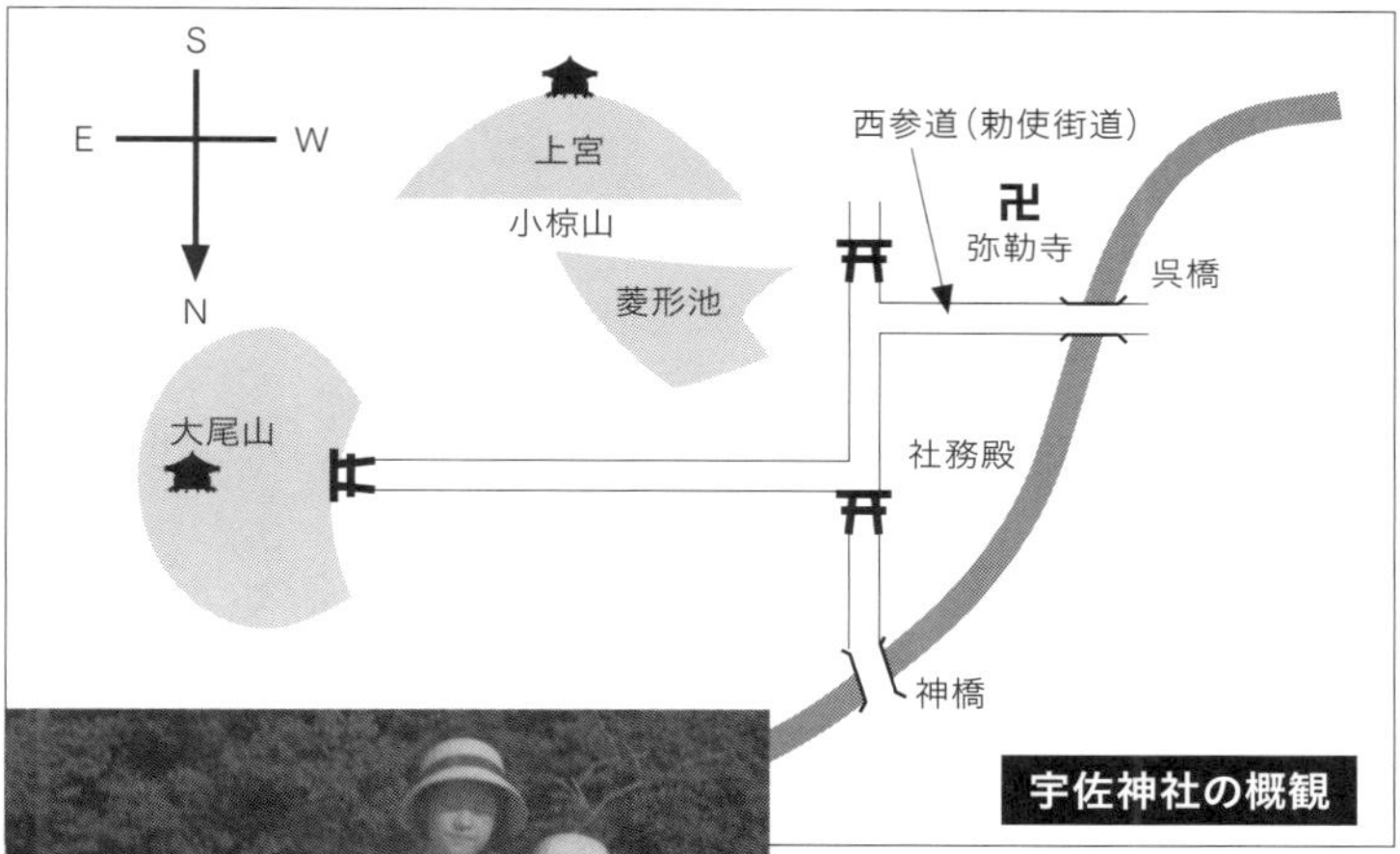

神橋（右から二人目が筆者）

か、当時は不思議に思っていたものだ。ましてや、神宮寺（神宮内にある寺院）である弥勒寺の存在は、つゆほども知らなかった。

あるいは、国東《くにざき》半島にある富貴寺（大堂が国宝指定）が宇佐神宮の所領にふくまれていたという史実を歴史好きの母親から聞かされて、なぜ寺院が神社の支配下にあったのか不思議に思ったものだ。これらの疑問は弥勒寺の発掘（跡地の縄張りが発見されたのは二〇〇〇年頃）によって解消した。古代の宇佐神宮には、絢爛《けんらん》たる天平寺院の甍《いらか》が存在していたのだ。いまは礎石がその跡地に呈示されているが、弥勒寺は朝廷の使者しか通れない呉橋《くれはし》の先、勅使街道とも呼ばれる西参道に面していることからも、宇佐神宮の中枢にあったことは疑いない（前頁の図参照）。

六世紀の仏教伝来からまもなく、日本の古神道はこれと融合したとされている。のちに本地《ほんじ》垂迹《すいじゃく》として整合化される神仏習合である。神仏習合の実態を知るうえで、宇佐神宮の歴史はまことに興味ぶかい。

宇佐神宮においては、応神帝の神霊として降臨した誉田別命《ほんだわけのみこと》が、八幡神として祀られたとされている（欽明帝三十二年＝五七一年）。神でありながら、八幡神はのちに僧形となる。さらに応神帝の母親である神功《じんぐう》皇后、および比売《ひめ》大神をもって、宇佐の三神（三御殿）とする。

この比売大神が歴史上の誰なのかをめぐって、宇佐では邪馬台国の卑弥呼説が根づよいわけだが、公式には宗像三女神とされている。その宗像三女神が誰なのかは神道学のテーマであって、およそ文献史学の範囲をこえる。ハッキリしているのは、宇佐三神が僧侶や尼僧たちによって看経され、神職たちは祝祭の日には祝詞を、祈願や神託の夜には仏教の経文を唱えたという史実である。大神杜女・宇佐池守ら、神職でありながら仏に仕えた尼僧、僧侶たちの足跡である。

そんな例は、藤原氏の氏神・氏寺である春日大社と興福寺に、いまも残されている。僧侶の前で神職が祝詞《のりと》をあげ、ぎゃくに僧侶が神職を前に看経《かんきょう》するのは、じつに不思議な光景である。

しかしそれが古代の神仏の姿だったのだ。古代の神社神道の出発点でもある。皇室の祖廟とされる伊勢神宮においても、神宮寺の存在は明らかになっている（慶光院など）。明治時代の廃仏毀釈による神仏の分離を、往時を知らないわれわれは実感を持って感じることができない。戦神《いくさがみ》の草分けである宇佐神宮においては弥勒寺が破壊され、その跡地に料亭や宿泊施設があったという。昭和の御造営（昭和八年から十七年）のときにそれらの境内利権を排除したのは、官幣大社《かんぺいたいしゃ》（内務省）としての国家的強権をともなうものだったとも、横山秀雄宮司の尽力によるものだとも地元の人々は証言している。

神仏が習合された理由は、こう理解してほしい。神道が世の穢《けが》れを祓《はら》う清浄の儀式であるのに対して、仏教においては帰依・修行による救済思想が明確である。極楽往生がそれだ。古代・中世の苛酷な世には、この極楽往生による救済こそが民衆にもとめられたのだ。禊《みそ》ぎによって清浄に立ち返る神道の単純さ、あるいは明解さにくらべて、仏教の修行は困難のゆえに実質が感じられ、したがって民衆からありがたがられる。やがて古代の神々は菩薩《ぼさつ》の道（修行）に入ることで、救済を積極的に行なうようになる。宇佐の八幡神は天応元年（七八一年）に八幡大菩薩となった。

そして、ほんらい仏教にはない罰という概念が、神道の荒御霊《あらみたま》（神の怒り）と結びつくことで、仏罰《ぶつばつ》なる神仏の意志に変えられた。これは仏教による救済のありがたみを、戦闘で相手を倒す報酬にすることによって、つまり信仰を武力に置きかえたのである。仏教勢力の政治的な急進化は、じつに日本的な神仏習合によるものだ。ほんらいの仏教が因果律を説くことはあっても、意志的な罰を与える教えではないにもかかわらず――。

ヤクザの場合、義理事の神前の垂れ幕は、天照大御神を中心に左右に八幡大菩薩と諏訪大明神、あるいは春日大明神である。八幡と諏訪はともに戦の神であり、東西の戦神を祀るという考え方だ。春日大明神は春日権現であって、すなわち神仏習合の象徴である。

いっぽうでは天照大御神も仏教式に、当初は観音菩薩信仰と融合して、やがて仏教の最高位にある大日如来と考えられるにいたる。そこから男性神であるという説が生まれるのだが、江戸時代以降の男尊女卑の儒教思想にもとづくものであろう。これはどうでもいい蛇足の議論だ。

前述したとおり、明治維新の廃仏毀釈によって、宇佐神宮の弥勒寺、諏訪社においては普賢菩薩と千手観音を擁する上下宮の神宮寺が壊されてしまう。前述した奈良興福寺の歴史と威容も、春日権現の廃社にともない興福寺僧侶の春日社神職への移動となった。僧侶たちは袈裟を脱いで神職になったのである。こうして神社は持てる機能の半分をうしなうのだが、それでも日本人はハレの日には神前で祝い、ケガレ(不祝儀)には江戸時代をつうじて戸籍制度となった寺院の世話になってきた。

つまりわれわれは、仏壇で先祖の霊を慰めながら、その上段に飾られた神棚に祈願する。さらにその上に、現人神である天皇皇后の御影《ぎょえい》をあおぐ。このような日本人の精神世界は、こんにちヤクザと右翼にしか継承されていない。その意味で任侠道は、滅びゆく日本の伝統文化ということになるのかもしれない。

古代の政局と神仏習合の謎については、いったんここまでにしたい。日本人の精神史を共有できれば幸いです。それにしても、貴族階級は国家から神仏を切りはなして私物化したが、武士階級はこれらの精神文化をどう扱ったのだろうか——。

貴族は神仏を仏画や彫刻の芸術に高め上げたが、武士はそれをもっぱら軍事的な紐帯にしようとした。貴族たちが自分たちの家の宗教にしてしまった精神文化を、武士たちはもっと大きな活用の仕方でつくり変えるのだった。

それは貴族たちが神仏に精神を託した、死への怖れともいうべき生への執着ではない。武士の場合は死生観においてはるかに明朗かつ現実的で、民衆のニーズに根ざしたものだった。戦国武将においては、神仏はすがるものではなく利用するものとなったのである。貴族たちにとって忌むべきものが、たとえば真田の六文銭（三途の川の渡し賃）のごとく、武将たちには戦いの旗印ですらあった。

この興味ぶかいテーマは、第二部の山口組の芸能進出・全国制覇とからめて、後段であきらかにしたい。問題なのは土地争いである。

牙を剝いた暴力集団

平安京に都をうつした桓武帝は、ほどなく防人制度を廃止する。部分的にではあれ、国家がその権力実体である軍隊（暴力）を手放したのだ。そして公地公民制に代わる荘園の拡大は、貴族とその文化にゆたかな富をもたらした。

藤原氏の栄華、平安の仏教文化の豪華絢爛、そして文化的爛熟が生み出した詩歌の技巧と女流文学、そこにおける人間の死生観の考察――。文学史においても美術史においても、平安時代は王朝・貴族文化の精華といえよう。政治権力である以上、平安の世も政争とは無縁ではなかったが、けっして血なまぐさいものではなかった。江戸時代と並んで、日本史史上もっとも平和な時代であった。

いっぽう、律令制もイッキに崩壊してしまったわけではなく、朝廷の領地は国衙《こくが》として存続した。この荘園と国衙を守る役目をになったのが、ほかならぬ侍《さむらい》および武士《もののふ》である。ある者は荘官として貴族や寺社に従い、あるいは郡司や郷司として国衙で徴税に当たった。荘官は半官半民企業の管理者、郡司・郷司は地方公務員と考えるのがわかりやすい。昭和時代にヤクザが代行した役割に似ている。

平安当時、地方役人（国司・郡司）は中級・下級の貴族であり、上級貴族は平安京に居をかまえていた。この下級の貴族たちの中から、地元での利益を主張する者たちがあらわれる。やがて彼らは、利権のために独自の武力を備えるようになる。

いっぽう、都の貴族や寺社から荘官に任じられながら、その上がりを私欲する者たちもあらわれてきた。彼らは武装して、独自の権益を土着的に形成する。同じく在地性のつよい集団が武力をたくわえ、郡司の介入（徴税）をさまたげるようになる。地侍・土豪・地方武士団の発生である。もはや彼らは、決められた管理費・警備費だけでは満足しなかった。

現代史に置きかえてみよう。国税が発生する公営ギャンブルの現場を、腕っぷしの強い者たちにまかせていたところ、決められた警備料金以上のものを要求しはじめたのである。それどころか、独自に玉貸し業や景品交換業をはじめたり、馬券やボート券を勝手に発行しはじめたようなものだ。警備員として雇っていたはずが、じつは彼らは暴力団だった。

じっさいに、昭和二十三年（一九四八）に自転車競技法が施行されると、神戸では大島組・本多会・山口組・西海組などが、神戸競輪場の警備担当業者として参入している。割り当てを引いたのは大島組と西海組だったが、まもなく山口組の地道行雄が西海組の仕事を奪ってしまう。これで山口組と西海組のあいだに抗争事件が起きた。西海組が地道の自宅を襲い、おたがいに斬りあう事件が勃発すると、数日後には地道組が西海組の幹部組員を拉致して、さらに西海組の事務所に殴りこみをかけた。

結果的に、山口組が西海組の仕事を奪うことで抗争は決着した。このような暴力による仕事の奪い合いが、平安時代にもおびただしい数で起きていた。本所に渡りをつけることで荘官の職を奪い合う。そして最後は力づくで奪い取り、その立場を盤石なものにするために開拓庄園を寄進する。寄進地が徴税を受けないからだ。寄進を受けるのは、都で政権を牛耳る貴族たち、そして新興武士たちである。

そんな中で力をつけた武家勢力が、藤原氏に代わって天皇家の外戚となった。平氏一門である。平安時代の末期には摂関政治に代わり、上皇（法皇）による院政が勃興していた。この院政を用心棒としてささえたのが北面の武士、すなわち平氏と源氏なのである。

やがて平氏と源氏は、東西に散在する系列の武士団を拠りどころに、朝廷の武力（検非違使・弾正台など）を圧倒するようになる。世にいう源平争乱は武士の勃興であり、貴族社会の崩壊過程でもある。武士の勃興とはつまり、暴力の時代のはじまりであった。

暴力団が地域（繁華街）を支配したあとに行なうのは、たいていの場合、地域の中間組織（自治会や神輿会など）と行政への関与である。自治体の役人を利権に取り込むのはもちろん、みずから政治家に転出する。あるいは子分を破門したうえで、議員選挙に出馬させる。ようするに、合法的な役割・肩書きを確保するのだ。武士が独自に創設した地方役人が、地頭である。

平氏を追討した源氏の棟梁・源頼朝も、この地頭という地方役人を任免することで支配圏の安定をはかった。ただし平氏は西国を拠点に、もっぱら外交貿易を経済的な基盤とした。清盛の福原（神戸）遷都も港湾都市の必要からであって、在地性のつよい武士団を基盤とした源氏とは体質がちがう。したがって農業重視（地方）の源氏にたいして、平氏は商業重視（都市）だったといえよう。平氏のグローバルな貿易立国にたいして、源氏が農業立国の鎖国主義だったと言ってもよい。

古代における物部氏（古神道）の鎖国主義、蘇我氏（仏教）の開国主義という具合に、わが国はつねに外交路線で二元的な論軸をもっている。室町政権・織豊政権が開国主義であり対外侵略でさえあるのに対して、鎌倉政権と江戸政権はきわめて厳格な鎖国主義であった。平成の今日も、保護（鎖国）主義と開国主義はＴＰＰ（環太平洋戦略的経済連携協定）とＥＰＡ（経済連携協定）をめぐって、激しくせめぎあっている。さて読者諸賢は開国派であろうか、それとも鎖国派（保護主義）でありましょうか。

全国制覇への道

頼朝は鎖国主義であり地方主義、そして農本主義であった。軍事的覇権を握ると、頼朝は各地に守護と地頭を置いて、警察権と徴税権を掌握する。西国や朝廷の勢力範囲には支配がおよばなかったものの、東日本全域に配下の者たちを配置することに成功した。そして御家人たちには京都大番役という任務を引き受けさせながらも、朝廷からの官職をひたすら忌避させる。官位を得た御家人たちには、口をきわめてののしっている。鎌倉の権威を朝廷の上に置こうと考えたのである。

その後、頼朝なき鎌倉幕府は、力づくで朝廷にこれらの既得権を認めさせている（承久の乱・一二二一年）。朝廷の錦旗とその軍隊に反抗した地方勢力が日本史上で初めて、勝利をおさめた乱である。

史上唯一の、朝廷外の権力——つまり、警察権（守護による追捕権）とカスリ（地頭による徴税権とそのうわまえ）をめぐる朝廷（後鳥羽上皇）との争いに勝利し、直参の者たち（御家人）で縄張り（荘園・公領）を占めたのだ。広域暴力団「源組」（のちに北条組）の誕生である。

われわれが一一九二（いい国つくろう）と憶えた建久三年は頼朝の征夷大将軍就任の年だが、鎌倉幕府の成立年には最近では諸説ある。日本国総守護地頭に任命された一一九〇年説、公文所（のちの政所＝政治と財政）と問注所（訴訟）などの幕府の骨格が成立した一一八四年説、守護地頭の任免権をえた一一八五年説、あるいは東国支配を確立した一一八〇年にさかのぼるという具合に、これは考え方や歴史観で異なってくる。おなじく承久の乱の戦果（後鳥羽上皇の佐渡配流ほか、一味した皇族の追放）をもって鎌倉幕府の成立と考える見方もあるが、歴史を必要以上に理論化する議論はどうでもよい。それぞれの視点で、おそらくすべてが正しいのだから。

肝心なのは歴史の素顔である。そもそも幕府という文言も『吾妻鏡』にしか記載がなく、当時は「鎌倉殿」と呼ばれていた。頼朝個人を指しながら、同時に鎌倉の政治体制に従う尊称であろう。「幕」とは武家の陣幕の意である。「府」は役所であって、武家の政府「幕府」は江戸時代の学者が付けた名称である。室町幕府も単に「室町殿」あるいは唐風に「大樹」、江戸幕府は将軍が統轄する諸機関の総称としての「御公儀」のちに「大公儀」である。

そして鎌倉幕府はその成立とともに、一気呵成に全国を支配したわけではない。諸国の武士団が喜んで鎌倉の支配を受け容れたわけでもなかった。一一八三年に常陸で起きた志田義広の乱では、頼朝は独自の軍勢を派遣できなかった（小山朝政が独力で鎮圧）。まだ鎌倉には力がなかったのである。

同年、頼朝は関東で最大の兵力をほこる千葉の上総広常を、双六の最中に腹心をつかって謀殺している。この上総広常は、頼朝が石橋山の合戦に敗れて安房にのがれた時、二万の大軍をもって巻き返しに力を貸した恩人である。広常に横暴なふるまいがあったとしても、頼朝は彼の恩に裏切りで応えたことになる。こうして関東の有力者を排除したあとに腹心を配して、なんとか支配をつよめる。お膝元の関東ですら、この体たらくだった。

頼朝なき後、有力者の畠山重忠を北条時政（政子の父親）とその後妻・牧の方が謀略で滅ぼしている（一二〇五年）。一二一三年には和田義盛の乱で和田氏が、一二四七年には三浦氏が宝治合戦で北条氏に滅ぼされている。関東の有力武士団のなかで生き残り、北条氏とともに歩んだのは安達氏のみだ。安達氏はやがて、得宗専制体制をかたちづくることになるわけだが、それは北条氏に抵抗する勢力が一掃された時期のことである。

関東から地方に目を転じてみよう。戦国大名の上杉謙信、毛利元就、大友宗麟の祖先がいずれも鎌倉出身の御家人だったといえば、おどろかれる向きも少なくないのではないだろうか。島津氏も出身地は薩摩ではない。

上杉氏はもともと、京都綾部の上杉荘の荘官だった。親王将軍（鎌倉四代以降は、京都から親王を将軍にむかえた）にしたがって鎌倉に下向し、鎌倉の山之内に館をかまえ山内上杉を名のった。その家宰が相模長尾荘の長尾氏で、上杉謙信（長尾景虎）の祖に当たる。

毛利氏は相模毛利荘から越後に移った一族が安芸（広島）吉田荘に入り、毛利元就の祖となった。大友氏は相模愛甲郡の郷司で、能直のときに足柄郡大友郷で大友姓を名のった。のちに豊前・豊後に派遣されて守護職（鎮西奉行）となったのである。

薩摩の島津氏は京都から下向した、近衛摂関家の荘官である。忠久のときに鎌倉御家人となり、薩摩・日向・大隅の三国の守護となった。大友能直とこの島津忠久には、頼朝の御落胤説がある。いずれにしても、頼朝および北条氏が鎌倉幕府の地盤を必死の思いで固め、その支配域を広めようとした懸命さがうかがえる史実だ。そして鎌倉幕府が地盤を固めるために関東でくり広げた騒乱は、三代目山口組の全国侵攻とよく似ている。

山口組にとって全国への進出は、地元神戸を二分する本多会との抗争であった。神戸港の港湾荷役の権益を争い、お互いに牽制しあいながら畿内から中国・四国・北陸にかけて勢力圏を競った。両組織は、ともに大島組（港湾荷役を取り仕切った、神戸の初期の任俠団体）を源流としている。

両組織の抗争を列記してみよう。一九五六〜五七年の小松島（徳島県）抗争で、相互に地元の組織を支援して、動員合戦をおこなう抗争スタイルが確立された。六一年には鳥取抗争。六三年の第二次広島抗争は打越会を山口組が支援、山村組を本多会が支援する代理戦争となった。本多会は六五年に解散するが、組織を継承した大日本平和会との対立はつづいた。

そのかん、山口組は五八年に寝台急行高千穂号事件で大長組と対峙した石井組を支援。五九年にはブルースカイ事件（田岡三代目と同席していた美空ひばりに歌をもとめた鶴政会組員とのトラブル）で、横浜に一五〇〇人を動員。六二年に夜桜銀次事件で、博多に多数の組員を派遣。大量動員方式で威圧する手法を確立した。この年、岐阜でも山口組と抗争事件を起こした鶴政会は、のちの稲川会である。

つづく六三年には工藤組（現工藤會）とプロレス興行をめぐって死者三名を出す（このときの山口組系梶原組の組長が、九八年に殺された漁協組合長である）。同年、神奈川のグランドパレスで錦政会（稲川会）と抗争事件。六四年は第一次松山抗争。七〇年代は大阪戦争（松田組との大抗争となる）、八二年と八四年の二度にわたる高松抗争は、本多会の系譜をひく親和会との対立だった。八〇年代なかばからは後述する山一抗争（史上最大の抗争）。九州での道仁会との抗争。弘道会による名古屋制圧。これらの試練が五代目山口組の驚異的な組織拡大につながる。そして九〇年代をつうじて、東北・北海道に組織のクサビを打ち込むと同時に、念願だった東京進出の口火が切られるのだった（八王子抗争ほか）。

そして九〇年からのパチンコのプリペイドカード導入（暴力団排除）、九二年からの暴対法施行によって立ちいかなくなった地方の小組織が、軒並み山口組の傘下に入ることになる。この時期をもって、山口組の全国制覇はほぼ達成されたというべきであろう。本多会との全国進出抗争の皮切りから、三十年を要したことになる。

ふたたび中世に目を転じると、山口組がそうであるように、鎌倉幕府もカスリを吸い上げる広域暴力団にすぎなかった。守護・地頭の任免権は畿内や西日本にはおよばず、守護職・地頭職に成り上がった御家人たちも、本所（荘園領主たち）の徴税官、あるいは用心棒だった。

このあたりは、ヤクザ（暴力団）がどれほど合法的な組織に入ろうとしても、果たせないのと似ている。秘密組員を議会に送り込んで行政に影響力を行使するか、選挙協力をエサに国会議員と癒着するくらいしかないのと同じで、キャリア官僚に隠れ組員がいたという事件はいまだ知らない。これは将来も無理だろう。

荘官・地頭は、いわば用心棒である。荘園を雑居ビルにたとえるならば、ビルの持ち主（在京の貴族・寺社）は各店舗（在地領主）からテナント料を受け取る。テナント料を徴収する地頭は、さしずめ不動産屋ということになろう。そしてビルと街の平穏をヤクザ組織に託し、各テナントがみかじめ料を支払うという構造だ。

こうした構造が、現代のような法治社会で行なわれるのならば、おもてだって波風は立たないであろう。と思うのは机上の論理で、法治社会でも闇の縄張り抗争は起きる。たとえば雑居ビルの所有権をめぐって、用心棒役のヤクザが「みかじめ料」の不払いを理由に、難くせをつけてくることもある。その挙句に、テナント料を横領する。あるいは雑居ビルを占有してしまい、不動産侵奪にいたるなど、訴訟をまじえた紛争が発生する。この場合に「みかじめ料」が、委任契約に基づくものであった場合にはどうだろう？

まだそのような裁判がないのは、ヤクザが訴訟をしていないだけの話である。訴訟主体が警備会社であれば、裁判所はまちがいなく建物の明け渡しとともに、警備費の支払いを命じるであろう。だとすれば、ヤクザが組を解散して警備会社を興したとして、同じ判決が出るのであろうか？　このような興味ぶかい設問は、さらに本書の後段でためしてみたいが、誰しも土地と建物の権利と正当性をめぐって争う。

半グレたちの中世

中世の日本に、そんな土地争いが頻発したのである。荘園の外部から権利を主張して侵入した者たち、あるいは占有して居直った者たちを、当時は悪党と呼んだ。

中世という時代、とくに鎌倉時代と室町時代がどのような国家・社会だったのか解釈・評価するのは、日本史の大きなテーマだった。かつては暗黒の中世とも呼ばれたものだが、そこには現在では想像もできない、異質なわれわれの祖先がいたのではないかと、ある畏敬の念をもって考えられるようになった。

というのも、江戸時代に高度な管理社会（寺請け制＝宗派身分保障・村請け制＝徴税制度）が確立したことから、中世と近世には大きな隔たり・落差がある。中世と近世・近代では、日本人の行動様式もまったく別のものになったのではないかと、今日的に考えられるのである。

たとえば、ふつうの人々が日常的に人を殺したのが、中世という社会である。惣村の寄り合いの決定が下るや、若者はもちろん若い娘たちも武器を持って合戦場にいそいだ。信仰のために殉じる者たちの数たるや、戦乱のなかに万単位で現出した。そして中世の男たちはよく物をつくり、女たちは各地をめぐってよく物を売った。一生に一度の旅しか経験しなかった江戸の庶民にくらべて、中世人たちはいかに行動力にあふれていたことか。訴訟の記録を見ると、中世の人々は江戸時代の職権主義（係争裁判所が主導）にくらべて、はるかに当事者主義（訴訟当事者が主役）の気風すら感じさせる。

一例をあげよう。永禄年間に、領主（新田の由良家臣・矢場氏）が悪銭（私鋳銭）で大豆を買い上げたのに対し、領民たちが買い上げ拒否の実力行使に出ている（永禄八年、新田領『長楽寺永禄日記』）。

訴えをうけた領主側も、領民たちの枡が信用できないので、枡改めをするなどと抗弁している。対する領民側は逃散して抵抗する。領民たちの論拠もなるほど筋が通っていて、近隣の村と取り引きをするのに、悪銭（鐚銭）では取り引きがままならないというのだ。

つまり、貨幣経済の発達が一個の村を経済単位として動かし、戦国領主と対等な立場で交渉をさせているのだ。江戸時代の農村にも、領主権力と対等に渡り合った例は少なくないが、訴訟の首謀者は首尾よく目的を果たしたとしても死罪はまぬがれない。しかるに、新田領の領民たちは二十年の歳月をかけて、後北条氏の裁定をもって勝訴している。領主の矢場氏の支配権は解体されたのである、このような例は、中世史料には枚挙にいとまがない。

加賀の一向一揆が守護大名・富樫氏を追放して、国そのものを支配したのは周知のとおり。中央権力の存在しない戦国大名・戦国領主は後ろ盾がないから弱かったのか、そもそも武士の領国支配が非力だったのか。それとも領民たちが強かったのか。おそらくは列記したすべての理由による。

ここに挙げた例は、いずれも現代のわれわれがなし得ない、奔放で闊達、そして惨忍な行動様式である。おおよそ五百年から八百年前、われわれとはまったく違う意識と行動様式をもった祖先たちがいた。

しかし、その基底にはわれわれと同じような感情や発想があったのだとしたら、われわれと祖先を分け隔てる何物かの意味が浮上してくるはずだ。われわれとは何者なのか、その謎を証す格好の素材が、山口組に代表されるヤクザと戦国武将、そして中世の人々の原像なのである。そのキーワードは「暴力」もしくは「武装」「戦略・戦術」ということになる。

さしあたりわれわれは、価値観や制度が混乱した時代に、われわれの祖先がどのような考えで、どう行動したのか。生身の人間たちが考え、行動したことを知りたい。それはわれわれ日本人の原像であり、いまのわたしたちを知ることにつながる。そして本書のテーマである土地争いと暴力の構造、その克服の方途をさぐる旅になるはずだ。そこでまず、中世における悪党という言葉が、われわれの目を惹く。悪党とは何とふてぶてしくも、頼もしい名称であろうか

——。

『峯相記』（続群書類従・巻八一六）という筆者不詳の史料がある。小泉宜右（東大名誉教授）の（『悪党』吉川弘文館）から、平易な抄訳を引用させていただく。

「悪党横行の始めは正安・乾元（一二九九〜一三〇三）のころであり、初期の悪党は柿帷に六方笠、烏帽子・袴を着し、柄鞘のはげた太刀を帯び、撮棒・杖を持った異類異形の服装であった。彼らは博亦を好み、忍び小盗を業としていたが、十人〜二十人の集団をなし、合戦の一方に味方して城に籠ったり、あるいは寄手に加わったりしたが、約束は守らず、引き入れ、返り忠を常とした。かかる類が、武士方の沙汰、守護の制禁にもかかわらず、日を追って倍増した」

「正中・嘉暦（一三二四〜一三二九）のころになると、悪党の活動は先年よりはるかに大規模になり、天下の耳目を驚かすほどになった。吉い馬に乗り列り、五〇騎一〇〇騎と打ちつづき、引馬・唐櫃・弓箭など兵具の類に金銀をちりばめ、立派な鎧・腹巻を着していた。彼らは党を結び契約を成し、自分の関係する論所でなくとも一方の味方と称して所々を押領した」

「これに対して、警固の守護などは、彼らの権威に恐れ、追罰の武士も憚りをなす有様であったため、悪党の追捕狼藉・苅田・苅畑・打入奪取により、残る庄園もないような事態に立ちいたった」

十数人を単位とする、異類異形の者たち。これは愚連隊のすがたである。その中途半端な武装は半グレ集団と言うべきであろう。彼らは博打と窃みを生業とし、傭兵においては裏切りを常とする。まさに愚連隊以下（半グレ）ではないか。

一二九九年といえば、二度にわたる元寇（一二七四・一二八一年）のあとの時代。霜月騒動（安達泰盛が滅亡）、興福寺と大和悪党の騒動、あるいは黒田荘民の東大寺との対立、浅原為頼父子の内裏乱入などをへて、若狭太郎荘民、丹波大山荘民、近江奥嶋荘民、北津田荘民なども土地争いを起こし、日本社会に地殻変動が起きていた。いわば時代の変わり目である。

得宗専制と呼ばれる北条氏の独裁体制のもとで、守護・地頭が力をうしない、一方では畿内権力（朝廷・公家）も支配力を低下させていた。悪党とは、旧勢力の力の低下の間隙を衝いて勃興した、新興の武士勢力にほかならない。のちの南北朝騒乱にいたる、戦間期ともいえる時代の民衆の活力があふれ、秩序は崩壊のただなかにあった。

戦後ヤクザ（暴力団）勃興のひみつ

戦間期、もしくは戦後の混乱――。これを昭和の戦後に置きかえてみると、まったく同じ状況が浮き上がってくる。

敗戦後の光景を、体感的には知らないながら思い描いてみよう。旧勢力である陸軍およびその憲兵隊の解体と、おしなべて警察力が低下するなかで、戦勝国民としての権利を主張する中国人、および朝鮮人たちが一等地を占拠したのである。その大半は駅前広場、あるいは駅の直近のガード下、つまり近い将来に繁華街になる場所だった。

配給という食糧統制の支配下にない中国人・朝鮮人たちは独自に露店商の組織をつくり、占拠した駅前にマーケットを形成する。ここで日本人の闇市と対立が生じた。有名な新橋騒擾事件では、関東松田組と台湾省民グループが武装衝突し、アメリカ軍の出動で鎮静化するまで対立をつづけた。騒擾は渋谷にも飛び火した（渋谷事件）。

関西では三宮のガード下闇市をめぐる攻防となった（神戸事件）。このとき、山口組は神戸市からの要請で手榴弾と日本刀で武装して、在日朝鮮人連盟や台湾省民会と衝突した。さらには兵庫県警のもとめに応じて、警察署に立てこもって在日朝鮮人連盟の襲撃に備えた。相手は警察官のバッヂよりも山口組のバッヂを怖れたので、警察官たちは山口組のバッヂを借りにきたという（『田岡一雄自伝』徳間書店）。

中国人・台湾省民・朝鮮人との抗争をになったのは、その多くが特攻隊崩れの若者であり、父母を戦火にうしなった少年たちである。やがて彼らは繁華街の私設警察と呼ばれ、そのまま戦闘力を買われてヤクザの一家に吸収されるか、あるいはいっそう先鋭化して一本独鈷《どっこ》のグループを形成した。そしてその独立愚連隊もまた、日本の伝統的な任俠道に足を踏み入れるのだった。終戦の闇市から十年後、二十年後には、彼らは山口組をはじめとする任侠団体の直参衆、もしくは三次団体に名を連ねている。

中世においてもわずか二十年後、三十年後に、悪党たちが『峯相記』によれば一端の武士らしくなっている。半グレや一本独鈷の愚連隊が伝統的な任侠団体に吸収されたように、中世の悪党たちも「大規模になり、天下の耳目を驚かすほどになった。吉い馬に乗り列り、五〇騎一〇〇騎と打ちつづ」くのである。

じつはこの構造は、いまもほとんど変わっていない。ヤクザ（暴力団）のリクルートは、その時々の若者たちの行動様式に準じている。戦後の闇市時代には騒擾を好む愚連隊であったり、その腕を頼みとされるマーケットの用心棒、彼らを直接に勧誘することで組織を伸張させてきた。六〇年代を前後するあたりから、闇市の警護という愚連隊ほど経済活動に密着しない、いわゆる不良グループがヤクザの予備軍となってくる。不良グループ、あるいは番長グループ、スケ番（女子）と一般に呼ばれた。これには歴史的な説明とともに、社会学的な解説が必要であろう。それはしばしば世代論の体裁をとるが、どの時代にも普遍的な若者論である。

健康で反骨心のある若者が、その成長過程で「グレる」のは健全と言えるのかもしれない。もはや戦後ではない安定した社会の規範、拘束性のつよい学校や企業社会に対して、ひとときの叛乱で充足感を得る。それが流行の思想性を持った場合には、戦後学生運動「全学連」の基盤となった。あるいは、それに反発する保守系の学生運動もあった。行動する者として、それはほとんど時代にとって等価であろう。若者の正義感や批判精神、政治的行動がうしなわれた社会は、生命力のない未来像しか描けないとわたしは思う。

しかし一般的には、思想性のない無秩序な行動に走る若者が多数派であって、ひたいに剃り込みを入れたり、ぎゃくに髪を伸ばすなどの外観の変化。あるいはズボンの裾を詰める、スカートを極端に長くするか短くする、もっぱら服装における反抗である。そのうちの先鋭的な行動派が番長グループなどとして一派を成す、独自の組織をつくると言ってもいいかもしれない。親の世代に対する反抗、自分たちをしばる秩序への反乱——。

やがて若者は挫折ののちに、一過性の「グレた」状態を脱して大人しくなるわけだが、その過程でヤクザと知り合い、あるいは興味本位の接触が任侠道への入り口、ヤクザ（暴力団）への加入につながることがある。それはほとんどの場合、偶然知り合った人間関係によるものであろう。じつはそこに、ヤクザ（暴力団）の再生産構造の深刻さがある。日本人の親和性、情実、空気を読む人間関係に由来するものだ。仲良くなってしまえば、ある程度は誰でも信頼できてしまう。日本人特有の礼節や誠実な人間関係に根ざしているのだ。

一九七〇年（昭和四十五年）を過ぎると、ヤクザの予備軍として暴走族が浮上してくる。それまでにもカミナリ族と呼ばれる乗り物系の不良少年少女は存在したが、クルマやバイクが高額だった時代には、それらの体現者はブルジョア青少年層にかぎられていた。

六〇年代の高度成長にともなう大衆社会化、大量消費社会の到来は、またたく間に若者たちの行動を大胆に、かつ既存の価値観に対する叛乱に走らせた。そのもっとも先鋭的なかたちで暴走族の群雄割拠が現出すると、彼らはそのままヤクザの予備軍となったのである。彼らはケツ持ちを頼むのと同時に、その傘下に入る。

この構造はいまも変わらないが、六本木で金属バットの撲殺事件（人違い）を引き起こした関東連合ＯＢのように直接ヤクザには吸収されず、いわゆる半グレのグループとして緩やかな関係を維持するものが増えている。九〇年代～二〇〇〇年代には、チーマーやカラーギャングなどと、その時々の態様で不良グループは再生されてきた。

ともあれ、中世の悪党が秩序の混乱期に生まれる者たちならば、それは現代の半グレ（暴走族・カラーギャング・チーマー）であろう。だが、彼らとヤクザ予備軍は同義ではない。とりわけ、暴対法・暴排条例のもとでは彼らはヤクザになることを忌避している。警察当局の監視にさらされるヤクザになるよりも、あるいは年長者の厳格な統制下におかれるよりも、自由気ままな半グレの生き方のほうがよっぽど愉しい。これもまた健全な考え方である。だが、統制の効かない若者の暴力は厄介である。暴力団よりも手に負えない、とわたしは思う。

非課税こそ私有の本質である——戦国大名とヤクザの独立王国

ふたたび中世に立ち返ろう。悪党たちの力を吸収しながら成立した足利幕府はしかし、その創成期において主従（高師直）・兄弟（足利直義）が争い、成立後も南北朝の内乱を抱えたままの門出だった。もともと、北条一門の得宗専制体制にたいする反発と後醍醐帝の親政への意欲によって成り立った政権であって、実体は守護大名の連合政体である。

足利義満の積極外交・開国路線で文化的には栄華をきわめたとはいえ、京都の公武政権という性格も、武家としての果断さを欠いていた。応永の乱（大内義弘の謀叛）・明徳の乱（山名氏の謀反）などがあいついだ。義満没後に東西で嘉吉の乱（赤松満祐の謀叛）・享徳の乱（関東上杉氏の謀反）が起きると、政局の混乱は応仁・文明の乱に流れをみちびいた。戦国時代の到来である。

応仁・文明の乱によって中央権力は空洞化し、権力が地方に分散する戦国時代が到来した。朝廷のくだす位階や官職は名目上のものになり、室町将軍の命令も実効性をうしなう。すでに義満の時代に半済（守護が荘園と公領からの徴税を半分私得する）の守護公領制になっていたが、それすらも守られなくなる。生産物は荘園の本所・座の本所に送られず、幕府と朝廷にももたらされない。すべては在地の戦国大名の私するところとなったのである。

守護職がそのまま戦国大名となった例（武田氏・小笠原氏・今川氏・島津氏など）は八家にすぎない。守護代から国主の正統性をえた者（長尾景虎＝上杉謙信など）、あるいはその家宰から一国を得た者（織田信長など）、国人領主から戦国大名に成長した者（毛利氏＝のち守護職など）がほとんどである。これが下克上の世だ。

彼らの大半は独立王国を形成し、分国法をもって国と土地を私有・経営した。不輸不入（非課税）がその経済的基礎である彼らは、日本史上はじめて土地を私有したといえよう。本書が戦国大名というタイトルを戴いたのは、まさにこの画期性のゆえである。

法律上は任意団体として税制外にあり、しかし資金源や運営費において九兆円をこえる経済体を築こうとした山口組（分裂前）との相似性がここにある。

これまでヤクザ（暴力団）の法的な組織性格は、任意団体という概念でくくられてきた。任意団体とは、身近な例では市民サークルや政治家の後援会（非政治団体）、あるいは区分所有法にもとづくマンションの管理組合、学校の同窓会や学会など多岐におよぶものがある。いずれも非課税であるところに、法的な共通性がある。財源は会員に還元される運営費であり、事業所得もその組織が販売する商品とその取り引きに課税されるかぎりで、国税への届け出の義務はない。

そこで、ヤクザ組織（暴力団）の法的な性格を明確にして、規制しようとしたのが暴対法による指定暴力団なのだが、そこにも徴税の条項はない。暴力団の壊滅が合言葉にはなっていても、その膨大な資金源・運営費を徴税対象にしようとはしないのだ。違法組織ではなく指定団体、すなわち法律の適用団体としておきながら、しかしなぜか徴税の労はとらないのである。

後述するが、警視庁は五代目工藤會の総裁を脱税容疑で逮捕した。運営費を私的な口座に入金したというのが容疑の構成要件である。組織ではなく、個人所得の税法違反だ。こんな悠長なことをやっていないで、団体そのものを事業団体として会社法を適用すればよいのではないかと思う。これまで査察が入らなかったのは、国税局の見解では「そんな危険なこと（暴力団の税務調査）を職員に強要できない」というものだという。まさに怠慢というほかないのだから――。

すでに判例では暴力団抗争が事業であるとされているので、事業体とみなす法整備は可能である。捜査当局によれば、山口組だけで九兆円をこえる収入があるというのだから、他の組織をふくめれば二十兆は下らないであろう。この膨大な経済実体を国民経済の内側に取り込むことこそ、為政者にもとめられている蛮勇ではないだろうか。

戦国大名が独立王国として、連綿とつづいてきた公領制を踏みしだいたのと同様に、ヤクザ（暴力団）の最大の犯罪は、土地（街）で生まれる利益の私得なのである。その持てる財力を国家財政と国民経済に還流するならば、暴力団（ヤクザ）こそ日本経済の力づよい推進力となるかもしれない。かりに山口組株が株式市場に上場されるとしたら、税務当局の暴力団対策はまことに痛快無比、かつ壮大な税制が敷かれることであろう。

銅銭二千枚で一人の郎党（兵士）が養えた？

ヤクザ（暴力団）の事業を非課税と書いたが、彼らの自己資産（建物）の多くは、自前の管理会社によって固定資産税が支払われている。これは登記によって税務当局に処理されるからだ。その意味では資産も容易に算定できる。現実に立ち退き命令をうけた物件は、ふつうに公定価格で売買されている。この点が戦国時代との大きな違いであろう。

それでは戦国当時の土地は、いったいどのくらいの金額で取り引きされていたのだろうか。残念ながら金銭で取り引きされる性格のものではなかったから史料はないけれども、土地が生み出す実体的な価値は明瞭にわかる。だがそこには、土地が生み出す価値と土地そのものの価値を混同してしまう、詐術のような幻想が横たわっているのだ。

まずは、銅銭一枚が一匁《もんめ》、つまり三・七五グラム。これを当時の基本通貨として考えていただきたい。ちょうど現在の五円玉が一匁の重さである。これが一千枚で銅銭一貫、石高にして一石となる（天正年間）。それでは米の分量として、一石とはどのくらいであろうか。

一石が一〇〇升（千合）として、年間で一日あたり二・七四合。一人分の米としてはちょっと少なめであろうか。わたしはもう歳なので一日に二合も炊けば量的には十分だが、米ばかりでは満足できないかもしれない。戦国時代の陣中では、足軽ひとり当たり五合の米（およびそれに換算される菜汁）が支給されたというから、二石（二〇〇升＝二千合＝一日五・五合）なら働きざかりの兵士が十分に食べていけるはずだ。つまり、銅銭二千枚で一人の足軽（郎党）が雇えることになる。こうして、土地は兵力に転化された。

さて、これを土地の生産力（一年分の作柄）に換算すると、価格はどうなるのだろうか。相模の北条氏は一反（段）あたり、五〇〇文を永楽銭で納税させていた。このように銭で収税することを、貫高制という。一反は一石の米を収穫するとして、五百文はやや多目な気もするが、北条氏の四公六民の税制とほぼ符合する。つまり一反分の米は、銅銭一千枚で取り引きできることになる。

一反といってもピンと来ない向きには、列車で田園地帯を走っているときに見かける、長方形の水田を思い出してほしい。横二〇メートルと縦五〇メートルの長方形の田んぼ。これが一万個で一万石となる。大名（一万石以上）というのはたいしたものだ。

これをさらに金に換算すると、金一両（四・四匁＝一六・五グラム）が銅銭四貫だから、四分の一両、すなわち一分《いちぶ》金一枚ということになる。けっきょく一反あたり、一年の収穫は金四・一グラム強……。これが毎年、労働をいとわなければ約束されるのだ。

一石（一反）＝銅銭一〇〇〇枚＝金四・一グラム強＝軽めに一人分、一年の米代

こうして土地がかぎりない価値（兵力と食糧および貨幣価値）を生み出すことは明らかだ。にもかかわらず、じっさいには米が圧倒的に重宝された。その理由は本書の後段で詳らかにするが、兵力（特殊な能力）や貨幣（交換価値）よりも食糧が占める生存上の問題である。水耕田とその卓抜した水利施設も、土地にみなすとわかりやすい。

ちなみに、海外の食糧事情視察をかさねた生協の元理事長によると、人類の食糧問題は水稲の普及でほぼ解決できるはずだという。健全な土壌と水、そして陽光があれば稲穂は実る。その実りは何年でも可能だという。ただし、日本の精密な水利施設が全世界に普及するには、恐らく一世紀単位の年月を要するであろう。

石高では戦国末期に米とその水田が飛躍的に増産された（太閤検地＝天正十年〜慶長三年）とされているが、隠し田をふくめてもっと早い段階で日本の田畑は整備されていたとわたしは思う。飢餓と戦乱の永禄年間は、天変地異と旱魃があったのだから、天正期の大増産を準備したのは、その経験にほかならない。

川崎区東田町の「地上げ」案件

土地のために粉骨砕身したのは戦国大名と農民たちだけではない。行政と大企業、そしてヤクザも本能的に、その底なしの価値を知っていた。それはバブル経済という、その後の日本経済を泥沼に引きずり込む騒動だった。

地上げ国家とヤクザの興亡

川崎市の駅前を東に向かい、国道15号線と交差して南に少し入ったところに、一軒のラーメン屋がある。周囲は駐車場とそれを仕切るジュラルミンの柵が囲み、一見して地上げに失敗した土地であることがわかる。かつて不動産業者たちに「川崎案件」と呼ばれた土地である。一杯二四〇〇円という破格でそこそこに滋味な醤油ラーメンを出すその店は、地上げに抗して営業をつづけているのだという。その意気やよし!

不動産バブルの構成要件があるとしたら、大規模開発(当時は神戸臨海部・関西国際空港・各地のリゾート開発など)にともなう財政出動による土地価格の高騰、世代的な需要の集中(八〇年代後半のバブルでは、団塊世代の住宅需要だった)、低金利政策による資金調達の好転、そして根づよい土地神話であろう。土地神話、これは過去に土地価格が値下がりしたことはなかったのだから仕方がない。

ざっと、バブルの土地価格の推移(東京都の基準地平均)をみておこう。一九八三年に坪単価四二九万円だったものが、八七年には二六〇八万円と六倍増。九〇年に二七六五万円を頂点に、しかし九三年には一六〇〇万円に低落し、そこからはイッキに坂を転げ落ちた。九七年に六〇七万円、二〇〇四年には四四五万円とバブル以前の水準にもどった。日本全国の土地の総価格ではバブル期には二〇〇〇兆円と、それ以前の五〇〇兆円のほぼ四倍であった。八七年だけ取り出してみると、前年の二倍の土地価格が記録されている。

もともと土地の価格は市場原理と同時に、公示価格とのバランスのなかで決定されなければならないわけだが、戦後は一貫して住宅需要にささえられて、国民経済の主要な柱となってきた。その限りであれば、新興住宅地の開発で事は終わっていたはずだ。土地がおおやけであるか、それともわたくしであるかの分水嶺を越えたがゆえに、大都市圏における土地バブルという歪みをもたらしたのである。公共性がうしなわれたという意味では、冒頭にふれた公地公民制の崩壊にもひとしい私物化である。そしてそれは、不労所得まがいの土地転がしである。

若い世代が新しい土地（新興住宅地）に去ったあとに、残された旧世代の生活家屋のスクラップ&ビルドが再開発として立ちあらわれたのだった。この金融資本の新たな再構成によって、川崎案件のような惨劇がおびただしい数で起きたのである。実体経済から遊離した資金が土地にそそがれ、地上げによる再開発が先行することで名目上の価格が高騰し、めぐって最後に金融機関で焦げ付いた。膨大な公共投資と債務、そして限りない赤字国債の発行による財政破綻の危機が残った――。

すっかり影をひそめたかに思われるのは、この「地上げ」という言葉が、暴対法および犯罪利益移転防止法によって、指定暴力団および反社会的勢力とみなされる者たちが手を引いたからだ。右にあげた「川崎案件」こそ、地上げヤクザの興亡の足跡といえるのかもしれない。この案件には山口組をはじめ稲川会と住吉会、ビッグスリーが関わっていたという。不動産投機から闇経済を締め出すことで、なるほど解決したかにみえる。

しかしながら、大阪のミナミでは精華小学校跡地の再開発で、史上最大の地上げが行なわれようとしているという。平成一九年に大阪市が同小学校跡地の売却を決めると、複数のグループが隣接地の地上げに入ったというのだ。跡地は三十五億九千万円で落札されたが、すでに複数の開発計画が隣接地で進行していた。複数の業者間で契約が交わされ、また再開発計画の一部が頓挫するなど錯綜した事態となり、けっきょくは契約不履行の訴訟沙汰となっている。

この件で想起されるのは、京都駅の再開発のときのゼネコンをまき込んだ泥仕合、そして暴力団抗争（会津小鉄と山口組）であろう。平成四年（一九九二年）～八年のことである。

もともとは、武富士（現ＴＦＫ）が地上げに乗り出し、山口組の山健組系が参入していたが、やがて住民とのあいだで資金の使途をめぐって、武富士系の再開発団体がトラブルになった。ほどなく抗争の主役は、地元の名門ヤクザである会津小鉄と中野会（山口組直参）となって、四年間に死者が七人も出る大抗争となった。

この抗争が中野太郎会長狙撃事件につながり、それはまた宅見勝若頭殺害事件につながる。京都抗争はある意味で、メンツや大義名分に拠らない、現代の経済ヤクザらしい抗争劇だった。戦国時代でたとえるならば、天正壬午《てんしょうじんご》の乱（織田信長没後の関東を、北条氏・上杉氏・徳川氏および武田旧臣・真田氏などが争った分割戦）によく似ている。それはまさに遺骸の肉を奪い合う、獰猛なハイエナの争いであった。

いま、京都駅の開発予定地は時間貸し駐車場となって、いわゆる塩漬けにされたままだ。平成の土地争いは昭和のくり返しになるのだろうか、中世のそれにくらべてどれほど進化したのであろうか――。

少なくとも、一時的な市場価格にまかせた土地取り引きが不動産バブルを招来するのは、直近の歴史の教えるところだ。土地のおおやけ性は、バブルの崩壊を前後して成立した「土地基本法」に顕《あらわ》されているが、どこまで実効性があるのかは心もとない。

いにしえより、土地はおおやけのものである。土地バブルとはそのまま、土地を私《わたくし》しようとした無理にほかならなかった。にもかかわらず、戦国期の飛躍的な農耕地の拡大にみられるように、土地争いが生産力の源泉であることも間違いないのである。

だが、うしなわれた二〇年が何ももたらさなかったかといえば、じつはそうでもない。膨大な財政赤字と引きかえに、高度なインフラがもたらされたのは確かである。依然として問題なのは、土地と社会資本の公共性（つまり再開発）が、どこまで住民と生産の担い手に還元されるかであろう。おおやけの意味するところは、社会的正義と公平をおいてほかにないのだ。

第二部

山口組と織田組、天下布武の帝王学

——その戦略・戦術とは

芸能は金脈なのか、それとも華やぎなのか？

戦国大名が独立王国を築いたのと同じように、ヤクザ（暴力団）も独自の権益で王国をつくった。それはかならずしも、土地によるものばかりではない。戦後いちはやく、山口組・田岡三代目がそれまでの港湾事業に代わって力を注いだのは芸能興行だった。不思議なことに、芸能人たちはヤクザが好きだった。

かりに芸能興行が金銭的な利益を目的にしたものであっても、それだけではヤクザと芸能人の結びつきを説明したことにはならないであろう。ヤクザと芸能人には独自の結びつき、ないしは共有する何ものかがあるはずだ。

なぜならば、かくも多くの芸能人たちがヤクザと結びつき、彼らを後ろ盾にするリスクを背負いながらも、なぜか密接に交際してきたのである。ここにはほとんど、合理的な利益関係はないであろう。ヤクザの側も同様である。ヤクザは芸能人たちのタニマチではあっても、資金源にはしてこなかった。映画の時代にこそ個人的に芸能界（映画会社）に関与したヤクザはいたものの、テレビ全盛時代になってからはほとんどないのが実態だ。

それにしても、芸能人とヤクザの癒着を説明するノンフィクションの方法に、よく両者の相互依存性が論じられることがある。芸能人へのストーカー行為や身辺警護のために芸能プロがヤクザを頼み、ヤクザは守り代として金品を受け取る。あるいは映画撮影で街頭を使うさいに、警察への道路使用許可とともに地元のヤクザに了解を得るという前時代的な仕組みがあるなど と——。

これらは体験も取材もしていないレポーターの脳内記事である。合理的な利害関係を説明したいが為の、牽強付会《けんきょうふかい》というべしであろう。芸能人とヤクザの付き合いに、ヤクザにとっての利権があるとすれば、もっぱらヤクザが芸能人にいいところを見せたいために飲食をおごる、一方的なタニマチ行為なのである。これはヤクザのメンタリティを知らなければわからないことだ。

Vシネマの業界には、たしかにヤクザと芸能人の依存関係はあった。あったと過去形で言うのは、わたし自身がVシネマの脚本を書いてその世界に接してきたからだ。現役のヤクザがVシネマの制作会社を興すのは、実録モノではクレーム対策という面がつよいからである。たとえばミュージアム（販売会社＝現GPミュージアム）が広島ヤクザ抗争の作品をつくったところ、モデルとなった当該の組織から「あのときの事件で、ウチの親分は『痛い』と言うてない。間違いやろ」とクレームが入ったことがあるという。三千万円をかけて制作したそのVシネマ作品は回収となった。これに懲りた販売会社は、その筋につよい制作会社に依頼するようになったのである。

だが、蛇の道は蛇という需要よりも大きい理由は、東映映画で青少年期をすごしたヤクザが映画好きであり、芸能人と仕事をつうじた関係を取り結びたいからにほかならない。もっとも、周防郁雄(バーニング社長)のように、何かといえば暴力団に「仕事」を依頼する芸能業界人もいるので、前述したヤクザの芸能利権という憶測も成り立つのだろう。

たとえばヤクザの利権を語るとき、ヤクザマネーという今日的なテーマではどうだろう。ヤクザとカネの関係は、ここ十数年で金融と株取引にシフトしたという。投資信託への政策的な舵きりがブラックマネーの市場流入を呼び込んだように、暴排条例下のヤクザたちがこぞって株投資にのめりこんでいる。それは直接的な実利であるからだ。

ヤクザはしかし、マネーゲームよりも芸能界の華美を好む。マネーゲームが彼らにとっては闇の世界である。投資ディーラーに資金提供はしても、みずから華々しいシーンをつくれるものではない。ヤクザにとっては、芸能人という人気稼業を身近に感じること、そして芸能人に崇敬されることで自分の人気を確かめたい。これではないだろうか。じっさいに、芸能人が訪ねてくるたびに湯水のようにカネを使って大盤振る舞いをする。それがヤクザのメンタリティであり、見栄という快楽なのである。

かつてヤクザにとって人気のあるなしは、いわば生命線であった。

生前の溝下秀男（三代目工藤會会長・のちに名誉顧問）は、いみじくも「ヤクザは男を売るのが商売である」と喝破したものだ。彼が青年時代を生きた時代、喧嘩や騒擾で新聞をにぎわすことに、男の名を売るフィールドが生きていたからであろう。喧嘩にかけた意気地、やむをえざる生きざまが人々の共感を誘った時代である。

しかし山一抗争を機に、司法の厳罰化と警察の押さえ込みが喧嘩渡世を封じ込めた。世間が許さないという言葉に、ヤクザは意外にもろいのである。それも人気というキーワードによるものと考えてよい。

そこで全盛をきわめたのが、ヤクザ雑誌および週刊誌だった。任侠組織の執行役員の紹介、直参に昇格した親分の素顔。そして一般紙が報じなくなった抗争事件の真相と、その立役者たちをフューチャーするおびただしい記事群。しかし、ヤクザ御用ライターたちの褒め殺しのごとき文章よりも、じっさいに慶弔の義理事に足をはこぶことで、侠客の風格は初めて生きた言葉で伝わるものだと言う。

山口組の現役直参組長が言う。「若い者たちの喧嘩を収める、後始末をするのが親分の器量でしょうが。それがじつは、親分としての立ち居振る舞いを観察される場になるわけです。あの親分は堂々としておった、小柄やけど大きく見えたと。たとえばですな、わしが若い者の喧嘩の後始末に行って、それも相手が死んでおる場合に、ご霊前での所作までが問われるわけです。

ご位牌を前にして、きちっと手をあわせて頭を下げられるかどうか。それが言うてみたら、極道者の価値なんです」

その組長は同じ言葉の響きで、こうも言う。

「芸能人とはね、向こうはカネと権力を求めてくる。カネと暴力的な権力が持っている不思議な魅力ですやろ。怖いもの見たさ、自分が芸能人だからできるヤクザとの付き合いですか。こっちもヤクザとしての見栄と華やかさ、場のステージが盛り上がりますでしょ。芸能人がおれば」

なんとも不思議なヤクザと芸能人の惹きあう関係だが、しかしこれが至言なのであろう。芸能界にも任俠界にも、不思議に危険な魅力がある。暴力と派手な華やぎと言えば、それで誰しも納得してしまうのではないだろうか。暴力と華やぎは、陰と陽がお互いに引きたて合うがごとき相関関係にある。陰があってこその輝き、輝くがゆえに陰を生む――。

溝下の「男を売る商売」および、山口組の直参組長の「カネと権力と華やかさ」という言葉のなかに、ヤクザの本質の一端があらわされている。ひと言に還元すれば、それはやはり「人気」であろう。裏づけのある言葉ではないが、五代目山口組の渡辺芳則は引退にさいして「あんたは人気が悪すぎるから、引退しなはれ」と言われたとする説がある。その真偽はともかく、ヤクザの人気の有無が評価の大半であり、そして致命的であるゆえんだ。

警察庁が暴排条例で、一般市民のヤクザとの付き合いを「反社会的勢力との密接交際者」として警告し、その孤立を許ろうとするのも「人気」を問題にするからにほかならない。人気のあるところに、ヒトとカネが集まる原理だ。だとすれば暴力団資金の源泉は、その人気ということになる。こと人気にかけては、戦国武将も事情は同じである。

織田家臣団研究の第一人者である谷口克広が「信長は人一倍世間の評判を気にした為政者である」（『信長と将軍義昭』中公新書）と云うとおり、織田信長は世評を病的なまでに気にした一人である。将軍義昭への一七カ条の異見書で「天下の面目」「外聞」をことさらに上げている信長、吉田兼見卿との問答でも世間の風評を気にする信長を指してのことだ。平清盛は禿《かぶろ》と呼ばれる童子たちを京都市中に徘徊させ、自分にたいする悪口を言っている者たちを密告させたという。いかに強権的な為政者でも、いやそうであるがゆえに世評を気にする。

このようなネガティブな方向ではなくて、民衆の人気を独占するために競い合ったライバル戦国武将たちを、われわれはよく知っている。その人気の独占は、自分たちのなせるものではなかった。古代いらいの平安の世、武士の時代の全般をおおって「世間の人気」とは宗教そのものだったからだ。民衆は飢餓と労働にくるしみ、この世の悲惨からのがれる死後の極楽往生を、あるいは来世の幸福を夢見た。ここに登場するライバル武将はみずからも神仏に帰依し、民衆のもとめる闇の向こうの希望、そして民衆が渇望するものを知っていた。

期せずして同じ思想を持った、ふたりの武将のライバル対決。それは信濃善光寺という、無宗派ながら古来人気のある寺院をめぐっての争奪戦だった。そのライバルとは、戦国時代に比類なき対立関係にあった甲越の太守、武田信玄と上杉謙信である。ここでも最新の研究成果に典拠しながら、両者の宿敵ならではの争いを紹介しよう。

善光寺争奪戦と群雄――全国制覇の証し

善光寺はいまも人気の無宗派寺院だが、本尊は戦国時代も全国から善光寺詣での民衆がおとずれる阿弥陀如来像（善光寺如来）であった。その善光寺が政治焦点になったのは、弘治元年の夏のことである。

信濃守護・小笠原氏を追放した武田信玄は、信濃の国人領主たちをその傘下におさめつつあった。そして、信濃善光寺の栗田氏にもその支配力がおよんだ。栗田氏は他の国人領主たちとともに、二年前に上杉謙信（当時は長尾景虎）に救援をもとめてきた勢力である。つまり、栗田は謙信を裏切ったことになる。

そのいっぽうで、村上義清・高梨政頼らの信濃国人衆が謙信を頼って、信濃からのがれて来た。謙信は有力な戦力を得たことになるが、彼らを引きつけておくためには、彼らの所領を奪い返すのでなければならない。

一枚奪われれば、力づくでその一枚を奪い返す。お互いに信濃を支配下に置こうとする上杉・武田の両勢力にとって、合戦はカードの奪い合いである。放置しておけばそのまま、周辺の国人たちも武田に奪われてしまう。そして上杉謙信にとって、善光寺別当・栗田氏の帰趨は領地の奪い合い、カードの奪い合いにとどまらない理由があった。

謙信は八千の兵馬を善光寺平に入れると、栗田氏が立てこもる旭山城を包囲した。このとき、信玄は救援として三千の兵と弓八〇〇張、鉄砲三〇〇挺を旭山城に入れている。

対陣すること一〇〇日、駿河の今川義元が和議の労をとったのは、夏をこえて秋の気配が川中島を支配するころだった。このとき甲越双方、すなわち上杉謙信と武田信玄は、本当の戦争目的を、ひそかに果たしている。その戦争目的とは、じつに信濃善光寺を自国に持ち帰ることだった。

まず、上杉謙信は兵を引くとともに、善光寺にあった仏具・仏像を越後に持ち帰った。善光寺にほぼ全軍を駐屯させていた謙信にとって、それは真夏の一〇〇日間対陣という難儀な出兵による疲弊の代償としては十分だった。その仏像群の中に、民衆たちが帰依する善光寺如来も含まれていたのだから。

謙信は帰国するやいなや、越後府内（上越市）に隣接する直江津に如来堂を建て、そこを浜善光寺と命名した。信濃善光寺を越後に移設したのである。じっさいに善光寺如来の移設ととももに、信濃の民衆たちがここに移住してきている。謙信の目的は如来像を蒐集するためでも、如来信仰に熱中するのでもない。善光寺如来の人気を手に入れることで、その門前に市をなし、町をなしたのである。

ところが、謙信が持ち帰った善光寺如来は、じつは本物ではなかった。それで越後の浜善光寺が栄えたのだから、もはや真偽はどうでもいいように思えるが、実物の善光寺如来は信濃佐久郡の祢津村に隠されていた。隠したのはほかでもない、ライバルの武田信玄である。信玄はその事実をひた隠しにしていた。

そして三年後の永禄元年にいたって、如来像を甲府の甲斐善光寺に運び入れている。ここに信濃善光寺の大本願や別当・栗田氏も移住しているので、信玄の思惑もまた謙信以上に成功したというべきであろう。わざわざ信玄が三年間も如来像を秘匿したのは、弘治三年の第三次川中島合戦の和睦条件（将軍義輝の仲裁）に、信濃守護職への就任が含まれていたからである。正式に信濃の支配者になってから、善光寺を甲斐に移設したのだ。その理由は、強奪者と誇られないためであったという（『上杉氏年表』片桐昭彦「武田信玄と上杉謙信」）。

じつに用意周到な信玄の政略だが、その後の戦国武将たちも、この善光寺如来像をみずからの城下に置こうと、競い合っていたようだ。善光寺如来の人気たるや、おそるべし――。

すなわち天正十年三月、武田氏を滅ぼした織田信長は、善光寺如来像を美濃岐阜城下に運ばせて城下の繁栄を図っている。同年六月に本能寺の変が起きると、如来像は織田信雄の手で尾張清洲城下へ。そして翌天正十一年には、徳川家康によって三河、遠江浜松をへて、甲斐善光寺にもどされている。それでもなお、如来像の流転は終わらない。

慶長二年七月、豊臣秀吉は地震で倒壊した京都・方広寺の大仏にかわる本尊として、善光寺如来を上洛させたのだ。ために方広寺の大仏殿は、如来像にあやかる人々であふれたという。けっきょく、善光寺如来本尊が信濃に帰還したのは、秀吉が亡くなる前年のこと。じつに四十年ぶりのことだった。

善光寺人気は、そのまま戦国武将たちにとって全国制覇の証しであった。人とカネの流れをつくる、いわば戦国時代のアイドルだったといえよう。山口組が全国制覇をめざした時期も、やはりスーパースターたちの時代だった。美空ひばり、高倉健、鶴田浩二、三橋美智也、等など。善光寺如来像ほどではないにしても、昭和という時代の耀きそのものだった。

きらめく銀幕、歌うステージ

山口組の芸能との結びつきは、初代山口春吉にさかのぼる。春吉は新開地劇場の経営者で、神戸市議会議員の福森庄太郎の知己をえて、浪曲興行に参入した。港湾事業から出発した山口組が博徒ではなく、テキヤさん(興行師)と呼ばれた由縁である。

さらに二十三歳の若さで春吉の跡目を継いだ山口登は、浪曲師・廣澤虎造の興行権を得て、昭和十一年には福原の大正座と兵庫県県会議事堂で興行を行なっている。山口組興行部での仕切りであった。昭和十一年といえば、のちの三代目・田岡一雄が登から盃を受けた年である。

山口登は東京浅草の浪花家金蔵宅において、下関の籠寅組(保良浅之助組長=衆議院議員)の幹部たちと、廣澤虎造の日活映画への契約問題を話し合っているさなか、籠寅組の組員五人に襲われて重傷を負った。そしてこの傷がもとで、亡くなってしまうのだった。田岡一雄が「皇紀二千六百年」の恩赦で減刑されて出所してくる、前年のことであった。

昭和十八年に出所した田岡は、舎弟会に運営されていた山口組の三代目に推挙され、昭和二十一年十月に正式に三代目を襲名した。三代目襲名後、田岡は興行師・永田貞雄の協力で、廣澤虎造、伊丹秀子らをともなって、全国巡業を行なっている。吉本興業系の興行師・山沖一雄をスカウトし、山口組興行部を本格的な芸能プロデュース会社へと押し上げたのである。

そして昭和二十三年にはボードビリアン(コメディ楽曲)の川田晴久から依頼を受け、その興行を引き受けている(神戸市新開地劇場)。そのころ川田から紹介されたのが、まだ十一歳の少女、美空ひばりだった。

昭和二六年になると、山口組自主興行となる野外ショー「歌のホームラン」(大阪難波スタジアム）が開催される。美空ひばりをはじめ、川田晴久、近江俊郎、岡晴夫、田端義夫、灰田勝彦、淡島千景らが出演し、一万人をこえる観客を集めた。さらに、鶴田浩二のマネージャーが袖の下を使おうとして田岡の激怒を誘ったことから、鶴田浩二襲撃事件が発生し、この事件は山口組興行部の求心力を高めた。つまり、山口組に話を通さなければ、関西では興行が打てないのだと。そして暴力に屈しなかった鶴田を田岡がささえることで、山口組が単に芸能人を利用するだけではないことも評判となった。

田岡一雄および山口組興行部の名を決定的にしたのは、民放連との興行戦争だった。ことの発端は、民放連が「十大歌手による民放祭」を企画したことによる。出演する十大歌手をファン投票で選ぶという、その手法が混乱をまねいた。

ファンのみならず、レコード会社や各芸能社（プロダクション）が組織投票をすることで、当時売れっ子だった三橋美智也が選ばれなかったのである。ほかにも選にもれた人気歌手が何人かあった。この民放連のやり方に疑問がさしはさまれ、民放祭をボイコットしようという流れが起きてしまう。

ここで田岡が動いた。選にもれた三橋美智也（もともと山口組系の山沖一雄がスカウトしていた）をはじめ、美空ひばり、田端義夫、春日八郎、江利チエミ、雪村いづみ、近江俊郎らが、山口組系十大スター歌謡ショーのラインナップを飾ったのである。興行地も日大講堂（両国）と決まった。

この田岡の挑戦に、民放連側が先に折れた。田岡の出した条件は、山口組系のショーを中止する代わりに、二十大歌手による民放祭にするようにというものだ。その民放祭を、田岡一雄と民放連の主催にすることであった。このとき、田岡は初めて神戸芸能社の肩書きをつかった。そして神戸芸能社は、山口組本部の中に事務所が置かれ、田岡一雄社長・田岡文子取締役・山沖一雄監査役でスタートしたのである。

さらに田岡は、ひばりプロダクションの副社長に就任。神戸芸能社は高田浩吉、村田英雄、橋幸夫、里見浩太朗、三波春夫、高倉健、フランク永井、松尾和子、山城新伍、五月みどり、坂本九、舟木一夫ら、売れ筋のスターと歌手をプロモーションしている。もはや芸能界のドンと呼ぶにふさわしい田岡一雄の実績、神戸芸能社の業績である。

田岡一雄の葬儀のときのこと、清川虹子はテレビカメラに向かって「田岡の親分さんに世話になってない芸能人なんて、一人もいませんよ」と語ったものだ。大半のマスコミは驚いたというが、これは率直な感想だったのであろう。

田岡一雄は映像世界においては、俊藤浩滋を通じてプロデュースした東映ヤクザ路線をささえた。高度成長期の国民的エンターテインメントである。この俊藤浩滋は、山口組最高幹部の菅谷政雄の幼なじみであり、娘は藤純子（富司純子）、孫は寺島しのぶと五代目尾上菊之助である。東映の岡田茂社長とは、二人三脚の関係であった。田岡と俊藤のもとで活躍した俳優に、長門裕之、菅原文太、品川隆二、松方弘樹など。

神戸芸能社による芸能界支配、甲陽海運による港湾荷役業界の取りまとめと、田岡三代目にとって「正業による組織の伸張」は長年の念願だった。この時期、田岡は企業を持った者が若い者に盃を与えるのを禁じている。任侠稼業と正業の分離という難儀な作業を、田岡はやがて訪れる暴力団壊滅作戦を予期したかのように、実施しようとしたのだ。

だが山口組の隆盛は、やはり抗争を通じてであった。ヤクザ社会で「イケイケの者」「武闘派」が尊ばれるように、喧嘩に勝つことで誰もがみとめる本流たりえる。華やかな芸能界との結びつきのいっぽうで、三代目山口組は流血の戦場に足を踏み入れていた。

抗争における決定力――柳川組と織田信長、それは奇跡ではなかった

天下統一による泰平の世の実現、あるいは威力による街の治安維持をかかげようとも、それが暴力であることには変わりない。戦争がつねに平和の名のもとに行なわれたのと同じである。ホッブスによってリヴァイアサン（海獣もしくは悪魔）と名付けられ、ロベスピエールが「道徳とテロル」と定義した近代国家（権力）は、レーニンにおいては「階級による暴力装置」であっ

た。その革命過程はまさに暴力による権力の争奪であり、それらの暴力はしばしば讃えられてきた。戦国大名とヤクザの場合も同じである。

戦国大名にとっては合戦における武功が位階と俸禄につながり、ヤクザにおいても喧嘩の武勲が渡世の貫目《かんめ》（貫禄）となる。かくのごとく、暴力には英雄視される厄介な性質がある。しかも信じられないほどの兵力差、少数者が多勢を制した場合にこそ大いに賞賛されるものだ。それらは奇跡とよばれてきた。

少数が多勢を制した戦国時代の奇跡的な勝利は、桶狭間の戦いをおいてほかにないだろう。奇跡という言葉を使いたくなるが、桶狭間山の合戦の態様は、きわめて合理的に説明できる。じつは確実な勝算のある合戦でもあった。

この織田信長の奇跡的勝利と同じように、愚連隊抗争の奇跡と言われてきた柳川組の戦いにも、じつは合理的な理由があった。この柳川組の奇跡的勝利とは、当時はまだ柳川次郎を兄貴分とする愚連隊柳川グループだった彼らが、大阪西成の鬼頭組百名を相手に、わずか八人で圧倒的な勝利をおさめた一戦である。その後、柳川組が山口組の先手《さきて》として、本格的な大阪進出およびその後の全国進出で活躍する礎となった戦いだ。

まずは、奇跡と呼ばれた桶狭間の合戦である。この勝利が奇跡ではなく、合理的な戦術に基づいていたことをあきらかにしていこう。案内役は言うまでもなく、太田牛一『信長公記』である。

　永禄三年五月十七日の早暁、信長が敦盛の舞いをおえて具足を着け、熱田まで速駆けしていた頃、すでに鷲津と丸根の砦は今川義元の軍勢に落とされていた。信長が熱田神社に拝礼していると、後続の軍勢が追いついて二百ほどになった。そして丹下砦をへて善照寺砦に入る。ここで軍勢をととのえ、前線からの情報を待った。

「御敵、今川義元どのは四万五〇〇〇を率いて、桶狭間山に兵馬を休めております」

　すでに正午である。鷲津と丸根の砦を攻略した義元は、満足そうに謡を三番謡わせているというではないか。太田牛一は「おけはざま山」と記しているので、桶狭間は山だったのである。古来、合戦で山の上に陣を張るのは常道である。高地に陣取って、登ってくる寄せ手を蹴落とす。当時は弓矢による遠戦がほとんどだったが、下から射かけるよりも上から射落とすほうが有利である。瓦礫を転がし、石を投げ下ろすだけでも高地が有利なのである。織田勢も「山際まで御人数寄せられ候の処」と、やはり今川勢が山に陣取っていることをしめしている。

　しかも信長は山に寄せるにあたって「中嶋へ御移り候わんと候つるを、脇は深田の足入、一騎打ちの道なり。無勢の様躰敵方よりさだかに相見え候。御勿躰なきの由、家老の衆御馬の轡の引手に取付き候て、声々に申され候へども、ふり切って中嶋へ御移り候」

　善照寺砦から敵陣正面の中嶋砦に移動するにあたり、信長が「一騎打ちの道」つまり脇深田の一本道を行こうとしたので、家老たちがあわてて馬の轡を握って制止した。しかし信長はそれをふり切って、一本道を行軍したのである。

小瀬甫庵の『信長記』では北に大きく迂回し、太子ケ根という峠に身を隠しつつ、窪地である田楽狭間へ駆け降りるように奇襲をかけたことになっている。この段階では、まだ甫庵が描写する緻密さを感じさせるが、これは軍記書に特有の創作であろう。

山際まで寄せた織田勢に、思いがけなく天が味方する。

「俄に急雨石氷を投打つ様に、敵の輔《つら》に打付くる。身方は後の方に降りかゝる。沓掛の到下《とうげ》の松の本に、二かい・三かいの楠の木、雨に東へ降倒るゝ。余りの事に熱田大明神の神軍かと申候なり」

石氷とは雹《ひょう》のことである。二抱えも三抱えもある楠の木が倒れるほどの風雨が織田勢の追い風になったのである。今川勢は総崩れになった。

「黒煙立てゝ懸るを見て、水をまくるがごとく後ろへくわっと崩れたり。弓・鑓・鉄砲、のぼり・さし物、算を乱すに異ならず。今川義元の塗輿も捨てくづれ逃げけり」

あっけない勝負だった。風に押されて進撃してくる相手に、今川勢は算を乱して、つまり散り散りになって、義元の輿を捨てて逃げ出したのだった。

今川義元は駿河・遠江二国の守護大名であり、三河の松平元康（徳川家康）をも従えていた。

その数は四万（『徳川実記』『総見記』など）とも四万五千（『信長公記』）とも言われた。対する織田勢は、わずか二千であった。

当時の織田信長は、尾張一国も完全に掌握できていなかった。そのうえ当日の信長は、丸根と鷲津のふたつの砦を犠牲にしたうえで、敵が攻め疲れたところを衝く作戦だった。それゆえに、おそらく重臣たちが反対する犠牲作戦を秘匿したまま、前夜は軍議もせずに世間話をしていたのであろう。重臣たちはこの信長の態度にあきれて帰宅してしまった。そして払暁、敦盛を舞ったあとの突然の出撃である。

自分に付いてくる兵は、自分の馬廻り衆八〇〇ほどで良かった。今川義元の本陣さえ発見できれば、一気呵成にそこを攻める。信長には最初からその作戦しかなかったはずである。

正面突破で討ちかかる精鋭軍団

さらに桶狭間の激闘を『信長公記』から引用しよう。

「旗本はこれなり、是へ懸れと御下知あり。未刻（午後二時）東に向てかゝり給う。はじめは三百騎ばかり真丸になって、義元を囲み退きけるが、二・三度、四・五度と帰し合せ〜〜、次第々々に無人になりて、後には五十騎ばかりになりたるなり。信長も下立って、若武者共に先を争い、つき伏せ、つき倒し、いらつたる若ものども、乱れかゝって、しのぎをけづり、鍔をわり、火花をちらし、火焔をふらす」

かくして乱戦のうちに、服部小平太と毛利新介の手で今川義元は討ち取られた。強風と雹、織田勢の猛攻に耐えて、義元のもとに踏みとどまった三〇〇の旗本。これと二千の織田勢のうち、七~八〇〇が最終的に衝突したのだと考えられる。

『信長公記』には、しばしば「七百ばかり」「侍衆七、八百」という記述が登場する。

斉藤道三との正徳寺での会見のさいは「御伴衆七、八百、甍を並べ、健者先に走らかし」。鳴海城の山口父子が寝返ったとき、敵は一五〇〇なのに「織田上総介信長公十九の御年、人数八百計りにて御発足」し、これは痛み分けであった。

弟の信行に柴田勝家と林美作が加担したときも「信長の御人数七百には過ぐるべからず」という兵力で一七〇〇の敵を圧倒して林美作を討ち取った。

斎藤龍興に攻められた堂洞《どうほら》の砦を救援したさいは「信長御人数は七、八百これに過ぐべからず」であったので、三千の敵を前に撤退している。異母兄の織田信弘の謀叛を鎮圧したときも「究竟《くっきょう》の度々の覚えの侍衆七、八百、甍を並べ御座候の間、御合戦に及びて、一度も不覚これなし」。

つねに信長の緊急出動部隊は七〇〇から八〇〇があり、手足のように動ける状態だったことがわかる。みずからも御弓衆だった太田牛一が、手柄のように誇らしく記述する姿が見えるようだ。屈強の八〇〇人というのは、最も動かしやすい兵力である。一〇〇〇人をこえると、もはや部隊は迅速には動けない。五〇〇では心細い。今川義元が討ち取られたとき、彼に従っていたのは三〇〇人にすぎなかった。

この七〇〇人とも八〇〇人とも言われる常備軍は、家督を継ぐ必要のない次男・三男を親衛隊として編成したのだと云われてきた。彼らは合戦で手柄を立てないかぎり、身を立てる方法がない。同時に彼らは一家一門の血脈を保持するために、生命を第一に考える必要はない。それゆえに、本気で戦う軍隊だったということになる。

戦国時代の唯一信頼に足る軍役帳といえば、天正三年の上杉謙信のものだが、その中には五五〇九人の軍役衆が明示されている。一門衆は上杉景勝の三七五人を筆頭に七将一一一〇人、国人衆が二十五将、旗本が九将である。合戦時には、保護下にある惣村から数十・数百単位で、農兵たちが軍役に馳せ参じたのである。

精強をほこった天正期の上杉勢ですら、上杉景勝の三七五人が最大の部隊編成、軍団の単位である。謙信の警護としていくつの部隊が囲んでいたかは判らないが、上杉勢の最大単位が三七五人だとしたら、今川義元の本陣に三〇〇しかいなかった旗本編成を裏づけることになるだろう。

けっきょく桶狭間の合戦とは、今川勢四万五千と織田勢二千ではなく、今川義元三〇〇と織田信長八〇〇の戦いだったのである。

奇襲ではなく、正攻法こそ勝利のカギだった

ところで、なぜか『信長公記』にある「おけはざま山」は「田楽狭間」とされることが少ない。桶狭間は現在の名古屋市緑区有松町桶狭間であり、田楽狭間は豊明市栄町南舘と、一キロメートル以上も離れている。

じつはこの取りかえの理由は、日本陸軍が小瀬甫庵《おぜほあん》の迂回奇襲説を『日本戦役』で採用したからである。『日本戦役』はこう述べている。「この役の勝敗を決したる地は田楽狭間にして桶狭間に非ず。然れども桶狭間の名、既に膾炙す。故にこれに従う」つまり、本当は田楽狭間なのだが、桶狭間のほうが有名なので、桶狭間にしておくと言うのだ。なぜ田楽狭間（迂回奇襲）なのかといえば、永禄三年の桶狭間合戦の四年後に生まれた小瀬甫庵の軍記書『信長記』にあるからというのだ。寡兵で多数の敵を叩く、日本陸軍の精神主義が迂回奇襲説を採用させたの

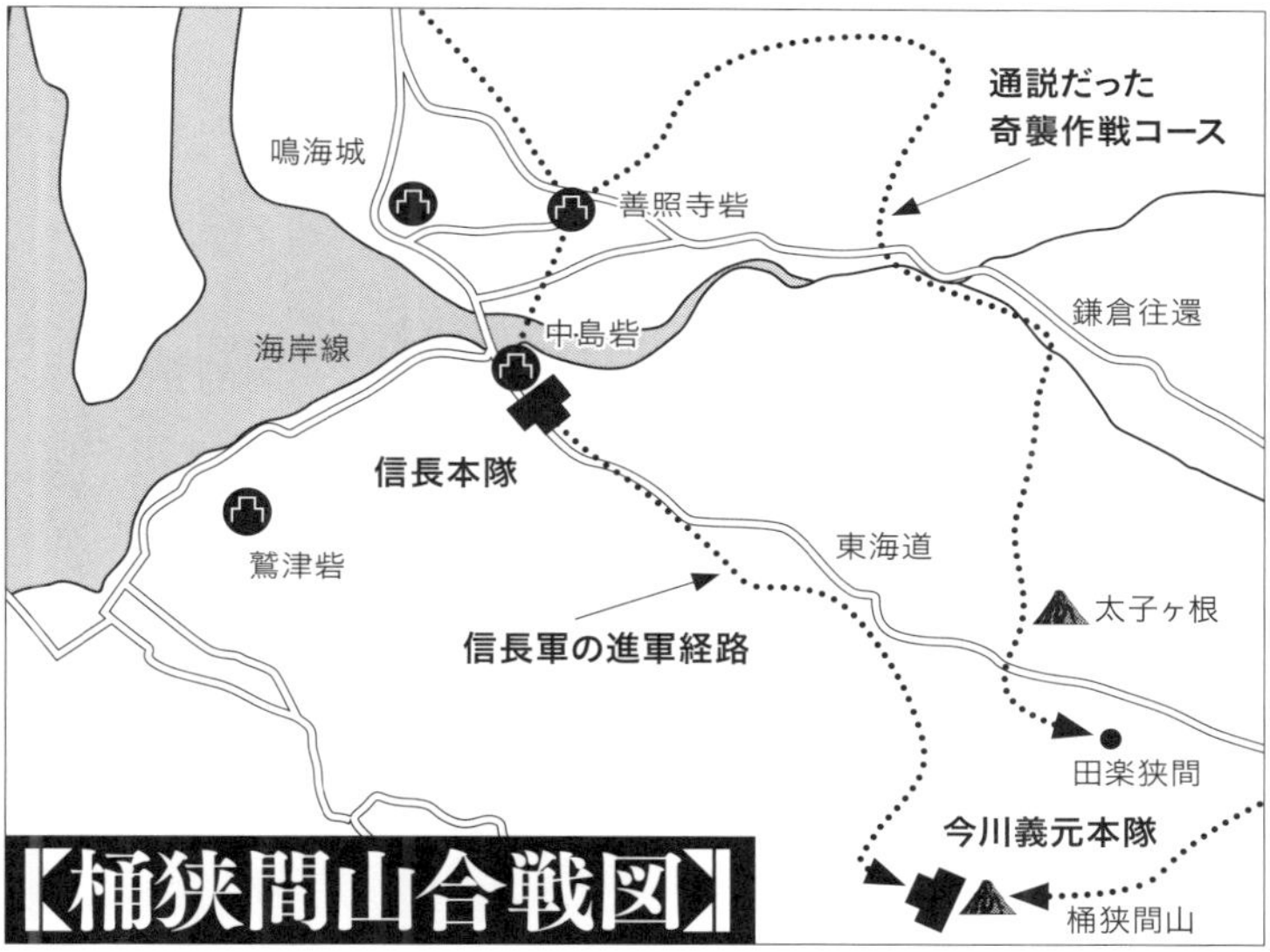

【桶狭間山合戦図】

は疑いない。

　そこから事情通たちが『日本戦役』をひもとき、桶狭間の合戦が行なわれたのは、じつは田楽狭間という窪地であったと「新説」を唱えるようになったのである。国民的作家の司馬遼太郎もそのひとりだ。

「因に、後世この決戦の場所を桶狭間と言い習わしているが、地理を正確に言えば『田楽狭間』である。桶狭間は田楽狭間よりも1キロ半西方にある町でこの合戦とは直接関係ない」（『国盗り物語』）という。

　司馬遼太郎は史料を重視した作家とされているが、まだ『信長公記』の評価が今ほど高くなかった時期の執筆でもあり、江戸期の軍記書編纂資料の読解をもっぱらとした氏が、一次史料にあたった形跡はあまり認められない。そしてやはり物語には、ドラマチックな迂回奇襲説を採用したかったのであろう。

死を覚悟した正攻法――。この核心的な命題は、柳川次郎が率いる柳川グループの戦いにも凝縮していた。

わずか八人で、一〇〇人の敵と対峙する。いや、十倍以上の敵に対峙ではなく、討ち勝つというのだ。ここで読者諸賢がすぐに想起するのは、吉岡一門と対決した宮本武蔵ではないだろうか。そう、京都一条下り松の決闘である。

宮本武蔵との勝負に吉岡清十郎が敗れ、その弟の伝七郎も倒された吉岡一門は一計を案じる。まだ幼い亦七郎を名目人に立て、門下生数百人に弓矢などを持たせ、武蔵を討ち取ってしまおうという計画だ。

それを知った武蔵は一条下り松にひそみ、名目人の亦七郎を討ち取ってしまうのだ。吉岡の者たちがそれと気づいたとき、武蔵は一目散に逃げ去る。ために、扶桑第一の兵術の称号を持っていた吉岡兵法家は絶え滅んだという。諸説あって、伝説の域をこえない宮本武蔵の決闘のひと幕である。

柳川グループの場合は待ち伏せや奇襲ではなく、相手のほうが手ぐすねを引いて待ちかまえていた。大阪は西成の縄張り争いで、相手は柳川グループが世話になっている同じ酒梅組の系列の鬼頭組である。

その鬼頭組の縄張りを、柳川グループが勝手にカスリを得る、いわば縄張り荒らしで対立が深まっていた。ついに鬼頭組が堪忍袋の緒を切らして、柳川グループの一人を袋叩きにしたうえ、身柄をさらわれる事態となっていたのだ。

大阪ヤクザの歴史に詳しかった故大道智史氏の記事から、そのときの様子を再現しよう。

「柳川一派八人は、命を捨てる覚悟で鬼頭組との戦いに臨んだのだ。

三十三年二月十日深夜、柳川次郎とその配下の七人は凍て付く寒空の中を、いずれも肩に羽織ったオーバーの下に日本刀を抱き込み、無言の急ぎ足で飛田新地の一角にある鬼頭組事務所をめざした。玉砕を覚悟の喧嘩である。

鬼頭組の事務所前では、日本刀や拳銃で武装した何人もの組員がひしめき、臨戦態勢で待機していた。そこに押し寄せた柳川一派に、鬼頭組の組員らが色めき立ち、何人かが日本刀を振りかざして先頭に立つ柳川次郎めがけて襲いかかった。それを見た一派の何人かが鬼頭組組員に逆襲し、勢いにまかせてうち一人を血祭りに上げた。めった切りにされた組員は血だるまになってその場に倒れた」

「鬼頭組は次から次へと組員を繰り出してきたが、容易に柳川一派の八人に近づくことができなかった。戦場と化した事務所前の狭い道路が柳川一派に幸いした。いくら人数を出しても、狭い道路が戦場では組員らも思うように身動きがつかないのである。柳川一派にすれば、正面から向ってくる敵を叩っ斬れば八人でも十分に対応し得たのである。熾烈をきわめた死闘は警察が駆けつけたことでわずかな時間で終わった。

戦いの結果、鬼頭組に死者一人、重軽傷者十五人が出たが、柳川一派は一人が腕を斬り落とされたものの、死者はなかった」（『アウトロー・ジャパン』第3号、太田出版）。

大道智史は奇跡的な勝利と結んでいるが、柳川次郎や副官の谷川康太郎には想定内の勝利ではなかっただろうか。現場は道路と書かれているが、実際にはクルマがやっと通れるか通れないほど狭い路地である。屈強な男たちが動きを制約された場所で、正面から斬りあうとき、そこに覚悟の違いが腰の据わった一撃になるか、それとも及び腰の状態になってしまうか。勝負を分けたのはそれしかない。柳川グループには仲間の救出という、引くに引けない目的、そして大義もあった。

この戦闘の噂はまたたく間に大阪じゅうに広がり、柳川グループは殺しの軍団と怖れられた。この事件で逮捕された柳川次郎が保釈になると、グループは柳川組として北区堂山町のビルに事務所をかまえた。三十四年にはミナミのダンスホールで愚連隊・交星会と乱闘を演じ、翌三五年には福島区で地元の西谷会の一人を殺害、一人に重傷を負わせた。

さらに同年九月に、組員同士の揉め事から砂子川組の事務所を襲撃。このとき、三班の襲撃部隊がかわるがわる時差攻撃を仕掛け、相手方を翻弄した。

こうした戦闘力が山口組の若頭・地道行雄の目にとまり、山口組の傘下に入ることになるのだ。そして柳川組は、おりからの明友会との第一次大阪戦争に参戦する。山口組は明友会との抗争で一〇二人が逮捕され、そのうち七十二人を起訴されているが、柳川組はその三分の一にあたる二十四人だった。

柳川組は昭和三十五年の暮れに、三代目山口組の直参組織となった。爾後、組織は大きく伸張し、大阪に進出してきた山口組傘下の組織と衝突するようになってしまう。各組の利害を調整するために、南道会の藤村唯夫（のちに山口組七人衆）が大阪地区の責任者に据えられるが、それでも柳川組の伸張は揉め事を絶やさなかった。

そこで、地道行雄は柳川組を他府県に進出させることを提案し、田岡一雄三代目の了解をえた。殺しの軍団柳川組は山口組の先鋒となって、全国制覇に乗り出すのである。

ヤクザと戦国武将の軍制改革

戦国合戦を決定づけたのは、兵農分離による常備軍の創設だったとよく云われる。

一領具足（農兵兼業）の農民兵は、春秋の作付け・収穫には陣中を保ちえない。いっぽう、季節にかかわらず出兵できる常備軍、すなわち兵農分離した軍隊が長期の陣営に耐え、最終的な勝者となる。そしてこの兵制革命を果たしたのは、織田信長をおいてほかにないと――。

しかし、この兵農分離論に史料的な根拠はない。わずかに『信長公記』(天正六年正月二九日の条)において、安土移住に応じていなかった弓衆の清洲城下の自宅がボヤを出したことで、信長が激怒して清洲城下を焼き払ったという記述があるばかりだ。これ自体は信長の政策的な果断さをうかがわせるくだりだが、弓衆などの軍役衆は織田軍に特有のものだったわけではない。

前述したとおり、戦国期でゆいいつ信用にたる軍役帖は、上杉謙信の天正三年の文書である。ここには、一門衆・国人衆・馬廻りの者がそれぞれ、槍・鉄砲・手明・馬上を備え、五千人をこえる軍役衆が明記されている。これが上杉謙信の軍勢の基幹であろう。武田氏の史料にも「軍役衆」という記載(甲陽軍鑑)はある。

そして上杉軍の記録(上杉文書・越佐史料収録文書)がしめすとおり、上杉軍は一年をとおして関東に越山しているばかりか、むしろ収穫期にこそ出兵して敵地の田畑を刈っている。永禄年間の全般をつうじて、天変地異と旱魃、飢饉にあえいでいたから、常備軍たる軍役衆は食糧をもとめて故郷をあとにしたのである。

したがって、農民兵のほうが共同体の縛りに規定されるので、傭兵(浪人兵)である常備軍よりもよく戦い、引くことがなかったという説(兵農分離の常備軍優位を批判する説)も史料的な根拠にとぼしい。惣村《そうそん》からの軍役農兵にそれは言いうるかもしれないが、武田信玄が「軍役は有徳者（しっかりした人物）を出すように」と配下の惣村に命じているとおり、村もまた使いものにならない人間や傭兵（浪人）を出すことで、有能な人材の損失を避けたのである。

惣村からの農民兵とはべつに、戦国大名は一国をあげて戦闘員を徴兵することがあった。小牧・長久手の役の徳川家康、小田原の陣の北条氏の例がそれである。危急存亡の危機にさいして、彼らは領内の十五歳から六十歳までの男子を根こそぎ軍役に就かせている。こうした総動員を可能にする支配力こそ、戦国大名の強みだったといえる。

史料的には戦国時代のかなり早い段階で、軍役衆という専門的な軍人集団が形成されていたとみられる。平安末期から鎌倉時代にかけての、専業的な武士集団の伝統が生きていたはずである。その意味では、武士は最初から軍事の専業集団として「分離」されていたというべきであろう。

これにたいして本格的な兵農分離は、刀狩以降の身分的な分離によるものである。中世の惣村の実態については後述させていただくが、豊臣秀吉の刀狩令によってはじめて農民たちは武装を解き、重武装した専業的な戦闘軍団によって戦国時代が終焉を迎えられたのである。

専業的な戦闘軍団——。このフレーズが実体をもって登場するのは、ヤクザ社会においては山口組の第一次大阪戦争のときだった。この明友会という愚連隊との抗争は、あらためて説明を要さないと思われるが、簡単に概略しておこう。

三代目山口組が神戸から全国に進出をはじめた昭和三十年代、大阪においては在日朝鮮人を中心にした明友会と山口組組員が揉め事を起こすようになっていた。山口組の田岡三代目がクラブ青い城で歌手の田端義夫と歓談していたところ、出所祝いを兼ねて来店していた明友会のグループが因縁をつけた上に警護の直参組長を殴打するなどの狼藉を行なったのだ。

公衆の面前で田岡三代目が恥をかかされた山口組は、即座に報復行動にうつった。街で明友会のメンバーを袋叩きにし、あるいは明友会幹部のアパートを襲撃して、数日のうちに軍門に降らせたのである。このとき、山口組は複数の組から抜擢した若者たちで混成部隊を編成した。襲撃班の誰かが逮捕されても、共犯者や指揮系統をたどられないようにしたのである。

これを実施させたのは加茂田重政といわれ、のちに山一抗争（山口組から分裂した一和会との抗争）で一和会側の最高幹部となった加茂田は、やはり混成部隊を編成している。後述するが、竹中正久四代目を射殺したのも、悟道連合と山広組（後藤組）の混成部隊だった。

九七年の宅見勝殺害事件のとき、中野会の幹部吉野和利は中野会傘下の各組から襲撃要員を選抜し、一年半にわたる長期の地下生活のすえに目的を達している（中保喜代春著『ヒットマン』講談社）。長い地下生活のあいだにお互いのことを知るようになってしまえば、累犯を出さないための混成部隊の意味は薄れるが、所属する組の日常活動から切りはなされて地下生活をするヒットマンたちこそ、戦国時代の軍役衆に相当する。つねに合戦に身を置き、配下の国人領主や惣村から救援のもとめがあれば、何をおいても戦場に駆けつけなければならない。

それにしても、戦国時代の軍役衆は武士としての正業であって、手柄次第で所領の拡大や出世も意のまま。命と引きかえとはいえ、そこには名をのこす名誉がある。ひるがえってヤクザのヒットマンは、社会的には完全に犯罪者である。犯行が捲《めく》れない完全犯罪なら長期投獄もないが、ぎゃくに全国に名がとどろくような名誉は得られない。

名誉が得られた場合も長期投獄ならばまだよいが、死刑という運命もおおいにありうる苛酷な仕事である。前掲した『ヒットマン』には、宅見若頭殺害を何とか回避したい、実行グループからはずれたいヒットマンたちの心情が、彼らの精神の疲弊として伝わってくる。

しかもヒットマンたちは向こう見ずな若者ではない、すでに四十代の分別ざかりの大人なのである。成功しても長期刑は避けられず、したがって出所できるのは七十歳前後となる。この重さに耐えうるものが金バッヂ（組長の座）でありプラチナバッヂ（本家直参）なのであれば、それを保障する組織力とその継続性が問われることだろう。じっさいの中野会は、彼らの出所を待たずに解散してしまっているのだ。逃亡中に糖尿病が悪化し、そのまま医者にもかかれない指名手配の身のまま、仲間に看取《みと》られた者もいる。

六代目山口組の主流派、弘道会には十仁会なる戦闘専門の組織があるとされている。秘密部隊だとも言われているが、その実態は当然のことだが不明である。単なる都市伝説とは思えないことに、ある地方の事件でみせた電光石火の弘道会の動きが、そのナゾの組織のすさまじさを感じさせた。

弘道会大栗組（山口組）vs 親和会田野七代目（住吉会）

その事件は平成十五年、宇都宮市内で起きた。住吉会系親和会・田野七代目と弘道会系大栗組のあいだに、運転代行業の利権をめぐって揉め事がおきた。大栗組はもともとテキヤさんだったが、数年前に弘道会の傘下に入っていた。ために、これまでも親和会系の組織と揉め事が少なくなかった。

けっきょく話し合いがまとまらず、田野七代目の組員が大栗組の事務所に保冷車で突入し、抗争の口火が切られた。突入事件のわずか三十分後、田野七代目の事務所に十数発の銃弾が撃ち込まれた。深夜四時のことである。それに対して田野七代目側も、大栗組の関係者が経営する運転代行業者の駐車場でクルマを破壊。

翌日、群馬県大泉町にある駐車場で、住吉会系の組長が射殺された。二日後の未明に十トンダンプが大栗組の事務所に突入すると、昼前には氏家町で田野七代目の幹部が射殺された。この段階で栃木県警は暴対法にもとづき双方の事務所の使用を禁止した。

それから二週間後、名古屋市中村区の弘道会本部の周辺をクルマで警戒していた弘道会系司興業の組員が、交差点で銃撃をうけて重傷を負った。その日の午後には、佐野市の親和会系京睦会の幹部ふたりが射殺され、宇都宮市内でも親和会系の組員が銃撃で重傷を負っている。さらに九日後、住吉会系樺山組の組員が射殺された。わずかひと月足らずのあいだに五名の死者を出した抗争は、手打ちになったとはいえ弘道会恐るべしの印象を斯道界にあたえた。とくに、組事務所はもちろんのこと、自宅や愛人宅、事務所当番が誰かまで把握していた、弘道会の情報力に注目が集まった。

この栃木抗争に十仁会が動員されたのかどうかはわからないが、十仁会の日常活動は警察車両のあぶり出し、その自宅の把握、そして対立組織の組員の動向、自宅や愛人の所在、内情の分析にまでおよぶと言われている。

こうした専門部隊の存在は、どの組織でも抗争時に編成されることはあるが、常備軍とするには膨大な資金が必要となる。加えて、秘密組織の構成員には精神的な疲弊がともなう。想像で論じてみても仕方がないので、ヤクザの抗争事件とほぼ同じように、内ゲバで殺人部隊を編成した新左翼の例でみてゆこう。じっさいの聴き取りである。

新左翼（中核派・革マル派・社青同解放派など）は七〇年いらい内ゲバで一〇〇人をこえる死者を

出しながら、二〇〇〇年をこえる時期に非公然武門（いわゆる内ゲバ部隊）を、一部をのぞいて解消した。その構成員や指導部から訊いた話として、非公然メンバーの必須の条件は特別な体力や思想性ではないという。ある特殊な性向、あるいは天性の資質があるのだ。

困難な仕事をこなす、この場合には敵の行動パターンの探索や襲撃計画の立案、そして実行力（殺人行為）ということになるが、淡々とこなせる感情のなさが必要なのだという。思想的な強固さや体力はかならずしも必要ない。あるのは冷酷な心、感情の圧殺だという。

心理学的にはサイコパス（反社会的人格障害）と呼ぶのが相応しい彼らは、人を愛せない、小鳥や犬猫を愛でるような感性を持ち合わせない。がゆえに感情を乱すことなく、冷酷に殺人を仕事してこなすのだ。したがって、大衆運動や組織の指導者にはなれない、組織内に居ながら孤独なロンリーウルフである。人の気持ちがわからないのだから、ヤクザなら親分は務まらないであろう。犯罪学者のロバート・D・ヘアによれば、潜在的に二〇〇人に一人の割合で、比較的高学歴の男性に多いとされる（ニューヨークの統計による）。

われわれは広島抗争を題材にした映画『仁義なき戦い』（広島死闘編）に、山上光治（劇中名は山中正治・北大路欣也が熱演）という凶悪犯を知っている。じっさいに山上光治は「殺人鬼」と呼ばれている。戦前、ボンクラ（不良）時代に喧嘩の仲裁をして、なりゆきから一人を殺害。戦後、村上正明（劇中名は大友勝利・配役千葉真一）の一味との喧嘩で半殺しになっているところを岡組

（岡敏夫）に助けられ、その配下になる。組の資金を稼ぐために被服廠の倉庫を襲って警備員を射殺し、無期懲役の実刑判決をうけるも、断食で執行停止となり病院から脱出。その後は炭焼き小屋をアジトに、山賊もどきの犯罪をかさねる。最終的には村上組の四人を射殺したあと、博打で大勝した山上は映画館で発見され、警察隊と米軍一個小隊に包囲されて洋装店の風呂の中で自殺した。

まさに壮絶な凶悪犯だが、脚本のために取材した笠原和夫によると「二四歳、まだ世間が分ったとは云えない年であった。いつも丸坊主の頭で、酔うと『予科練の歌』を唄っていたが、前科がついていた彼が予科練に志願出来る筈がない。戦闘機乗りに憧れていた軍国少年にも、人知れぬコンプレックスがあったのだろう」（「シナリオ」昭和四八年六月号）と、その心情が観察されている。広島抗争は美能幸三（劇中名は広能昌三・配役菅原文太）ほか、いずれも兵隊くずれ・特攻隊くずれであり、そのメンタリティは戦後闇市という、食って生きるための時代の産物である。平穏で物資がゆたかな昭和の末期から平成の現代に、怒りの感情にまかせた凶悪犯罪者が続出するかといえば、それはありえないと思う。だからこそ現代の殺し屋には、サイコパスという性格分析が必要とされるのだ。

ふつうの人間ならば、殺した相手の最期の表情、あるいは悲鳴や叫び声に、自分の夜を支配されてしまう。殺した瞬間よりもはるかに恐ろしい殺人の記憶、よみがえる記憶のなかの被害者の怨嗟は、じつは殺した側の感情に起因する。この悪夢はストレス性で、時間が経つほど強くなるという。これをあらかじめクリアできる資質がある人間、それがサイコパスなのである。

そんな人間が集団でいるとしたら脅威である。現代の兵農分離である軍隊とは、まさにこの後天的なサイコパスもしくはシリアルキラー（この場合、原体験によって生じる人格障害）を組織してしまうことにほかならないだろう。軍隊が持っている非人間性は、たとえば沖縄の米軍基地における人的な事故に顕著だ。すなわち米兵による暴力事犯は、その加害者も軍隊制度による犠牲者なのである。人間性を奪する訓練を受けた兵士に、市民生活の道徳を説くことほど徒労なものはない。しかも、兵士たちはかならず精神の疲弊ののちに、廃人にちかい状態になるという。したがって最終的には、彼らのカウンセリングが軍隊の任務となるのだ。

軍事組織がその技術によって自立化し、ほんらいの目的である組織防衛をこえて独自に孤立する。そして暴力としての独自性が猛威をふるう。労働者の解放を標榜する左翼組織においても、強きを挫き弱きを助ける任侠道を極めるヤクザ組織においても、このような組織戦術は採るべきではないのだ。そもそも極道は人間性に根ざしたものなのだから。

それではわれわれ人類は、軍事に代わる紛争の解決方法をこの二一世紀において見出せるのだろうか――。ふたたび荒ぶる歴史的な事例をもって、その解決の糸口をさぐってみよう。

第三部

山口組の内部抗争と過酷な粛清

――秘匿し継続されてきた掟と伝統

天下一統を、ほぼ掌中にしていた男

武将にとっての最大の武勲は、敵将の首級《みしるし》をとることである。ヤクザにおいてもしかり、「対立する組織の親のタマをとる」などという。

だがその武勲は、そのかぎりでは終われない。むしろ抗争の限りない発動を意味する場合がおおいのだ。すくなくとも敵将の首級をあげた武将は、手に入れた領地の経営を行なえるかどうか、もしくは対立する諸勢力との新たな紛争に備えなければならないはずだ。そして討ち取った相手に余力がある場合は、仇敵となるのを引き受けなければならない。まずは、天下の帰趨を左右する「タマをとった」象徴的な例をふたつ検証しておこう。いずれも人口に膾炙した事件である。

[すさまじき男]

天正十年（一六八二）、その男は東国をほぼ平定し、つぎは西国を支配下に置くために、みずから赴く予定だった。すでに畿内と北陸は彼の重臣と息子たちにまかせ、四国もまた息子の一人が圧倒的な兵力で制圧するはずだ。各方面に展開する軍団は彼の指ひとつで動き、新たな派遺先のために兵糧をたくわえ出陣の準備をする。

彼にしたがうのは、荒ぶる軍団ばかりではない。伝統的な文化が彼のまえにひれ伏し、海をこえてやってきた新しい文化が、彼の壮途と結びつくことで新たな世紀を創り出されようとしていた。おそらく彼の壮途は日本一国にとどまらず、その野心のまなざしは世界に見開かれていた。男は「すさまじき男」と評された（斎藤道三）。

だが、突如として事態は暗転した。わずかな手勢で安息の地を訪ねようとしたところ、したたかな襲撃者たちによって命を絶たれたのである。彼が天下一統への途上で斃れた場所は、京都蛸薬師通西洞院油小路にある法華宗本能寺であった。万余の兵力に囲まれたとき、彼を護っていたのはわずか五十人ほどの側近だった。

本能寺に斃れたその男の名は、前《さきの》右大臣・右近衛大将・織田上総介信長である。すでに明智光秀の一万三千の兵は、堀をそなえた本能寺を完全に包囲していた。信長は弓を引いて防戦したが弦が切れ、つぎに鑓をもって奮戦した。その後、もはや滅亡やむなしと、女どもを退去させ、ひとり奥へと去った。三時間ほどの防戦ののち、本能寺は紅蓮の焔に包まれて焼け落ちた。享年四十八。好んだ幸若舞の敦盛の一節、人間五十年にとどかぬ、一代の波乱の生涯であった。

彼の一門にとって致命的だったのは、嫡男の信忠が二条御所において討ち取られたことであろう。信忠は五〇〇の兵を擁していたが、これを京都脱出に用いることなく御所に籠城して果てた。爾後《じご》、織田家臣団が天下人の地位をめぐってあい争う。

［**あらぶる獅子**］

昭和六〇年（一九八五年）、その男も任侠界最大組織の組長として、巨大な全国組織をほぼ掌握しつつあった。

組織の中興の祖と言われた先代が逝去し、跡目をめぐって組織が分裂したとき、彼の派閥は四七〇〇ほどの少数派であった。しかし、伝統ある代紋の求心力および彼自身の武闘派としての押し出しによって、組織力が一万五千人に届くいきおいを回復していた。東日本の大組織・稲川会の総帥、京都の大親分とも友誼をむすび、北海道に地歩を築く展望も見えていた。男は「あらぶる獅子」と呼ばれていた。

そのとき彼は、五年前の賭博の事件で、五十日あまりの刑を目前にしていた。この年初には先代の姐さんの容態を見舞い、その後は新たに親交をはじめた旭琉会からゴルフに招かれ、沖縄でひとときの骨休めをしてきたところだ。

そして一月二十六日、当日は新たに普請を計画している新本家の上棟式であった。彼の配下の幹部がうち揃い、紅白の幕をめぐらせたテントのなかで、ビールを酌み交して乾杯した。その後、彼は所用をすませて夜は愛人のもとに向かった。久しぶりの休息である。彼が心をゆるせる、最もやわらかく感じられる時間をすごすために――――。

だが、事態は暗転した。織田信長が天下をほぼ手中にしたあの時と同じように、その男も組織の袂を分かった者に殺されたのである。あきらかに暗殺を目的にした、用意周到な十数名の襲撃者たちが包囲したとき、彼を護っていたのはわずか二人の側近だった。その二人の側近は即死し、彼自身も病院に搬送されたのちに命を落とした。その男の名は、山口組四代目組長・竹中正久である。

とりわけ彼の組織にとって致命的だったのは、若頭（ナンバー2）の中山勝正が同じ現場で撃ち殺されたことであろう。織田信長が嫡男・信忠と同じ日に逝ったのと同じである。司令官を失った以上は抗争を拡大し、先鋭化するしか方法がない。組織は混乱に陥りながらも、不言実行・信賞必罰のかけ声のもと、報復（かえし）の猛攻がはじまるのだった。

暴力考として、ここに信長と竹中正久をパラレルに取り上げたのは、彼ら二人を倒した男たちの失敗と挫折。明智光秀と一和会（山本広・加茂田重政ら）の、その後の滅亡にいたる戦略の誤りについて掘り下げてみたいからである。それは覇権と暴力の相関性、政治における軍事的戦略・戦術の考察と言い換えてもよいだろう。

光秀の失敗はどこにあったのか？

明智光秀は三日天下に終わったという。じっさいには信長と信忠を京都に滅ぼしたあと、山崎で秀吉に敗れるまでの十一日間であった。あまりにも計画性に乏しかった。のちの結果にみるように、光秀はあらかじめ孤立無援だった。したがって信長父子を討ったあとに、彼ができる天下の仕置きは限られていた。

まず光秀は朝廷に献金することで、謀叛の正当性を謀ろうとしている。しかし、朝廷が光秀の忠勤をみとめたところで、それが何ら政権の担保にはならないのは足利将軍に近侍していた彼自身がいちばんよく理解していた。鎌倉時代の承久いらい、錦旗は正当性と権威をうしなって久しい。

光秀が京都の支配よりも先に行なったのは、安土の織田残党を駆逐することだった。安土では信長の悲報が伝わったころ（当日の十時ごろ）から、尾張をめざして逃げる者たちが出はじめていた。翌三日の午後、留守居の責任者である蒲生賢秀は、信長の側室たちを連れて安土城を退去した。安土城に行かれた方はわかると思うが、美麗な外観はみごとでも規模が小さい城である。とても籠城できるような城ではない。

織田家の脆弱さは覆うべくもなかった。つい二ヶ月半ほど前に甲斐の武田を滅ぼして、天下にその実力を見せしめたばかりである。残すところは越後の上杉、中国の毛利、九州も交渉のある大友を先手に、南端まで平らげるのは時間の問題と思われた。そしてあまりにも全国制覇が順調なので、四国を切り取りしだいに任せると約束していた長曽我部すら討伐の対象にしていたのである――。

けっきょく織田家は、信長ひとりの家だった。息子たちと馬廻り衆（親衛隊）で組織をピラミッド型に改組する前に、信長の死で瓦解してしまった。もしも信忠が生きて京都を脱出していたとしたらどうだろう。安土城に立てこもって英雄的に戦えば、あるいは織田嫡流の政権が維持されたかもしれない。しかし家臣たちとともに尾張に落ち延びていたら、やはり織田家は実力派家臣団の合い争う簒奪をまぬがれなかったであろう。

あるじなき安土城は、簡単に陥落した。光秀は信長が蓄えていた財宝を、配下の者たちに分けあたえた。その後の光秀は、政権の正当性を主張するためにも、長いあいだ京都を離れるわけにはいかなかった。

しかし、京都は安土以上に守りにくい場所である。かつて、平氏が源氏の挙兵にさいして京都を捨てたのは、地形的な守りにくさのゆえだった。のちに豊臣秀吉が鴨川沿いに百三十をこえる寺社をあつめたのは、京都に巨大な城壁を造ったのにほかならない。そのなごりが、現在の寺町通りである。

光秀は秀吉が中国大返し（毛利氏との和議と撤退）に成功し、摂津にいた信孝（信長三男）がこれに合流したのを知ると、山崎（および天王山）を決戦場と見据えた。ここで西国街道を上ってくる秀吉軍を迎え討つことにした。

大阪から東海道新幹線で京都に近づくと、サントリー山崎蒸留所を左手に、右は石清水神社がある丘陵を望める。やがて新幹線の軌道が右に急カーブをきると、このあたりの地形の狭さが体感される。おそらく当時はもっと狭かったであろう淀川右岸で、光秀軍は秀吉軍を寸断、撃破する計画だった。

だが、それにしても光秀には兵力が不足していた。これよりさきに、縁戚である細川藤孝・忠興父子に書状をおくっている。摂津・但馬・若狭をあたえる旨をつたえ「このたびの弑逆は忠興ら若い者を取り立てんがためのものであった。自分は隠居してもいい」などと言葉を尽くしたが、細川藤孝は頭をまるめ、忠興は光秀の娘である正室・玉（のちにガラシャ）を幽閉してしまった。もっとも信頼していた縁戚に見捨てられたのだ。

親交の深い筒井順慶にも使者を送ったが、順慶が大坂方面に出陣したとの報にしたがって出向いてみると、洞ケ峠で待ちぼうけをくらった。そののち、順慶も秀吉軍に合流してしまう。光秀はやむなく、淀城の修理に取りかかった。秀吉軍を入京させてしまえば、大義のない光秀は謀反人として都落ちするしかないのだ。

そしてその頃、決戦場と見据えていた山崎は、秀吉軍の大兵力が侵すところとなっていた。光秀はやむなく勝竜寺城に陣を張る。秀吉勢は織田（神戸）信孝・丹羽長秀・黒田官兵衛・池田恒興・中川清秀・高山右近ら四万の兵力。対する光秀の軍勢は一万六千ほどであった。

勝負はあっけなかった。鎧袖一触《がいしゅういっしょく》、光秀軍はたちまち崩れた。勝竜寺城に逃れたが、光秀はこの古城をまもる困難を知っていたので、夜陰にまぎれて脱出した。光秀は大津をめざしたとされているが、小栗栖村の土豪に殺されてしまった。

宗派の大恩人・明智光秀

もっと別の方法はなかったか。畿内に根を張った勢力、あるいは信長への憎悪に燃えている勢力。光秀と基本的な価値観を共有する、そんな勢力はなかったのだろうか。

変後、光秀に一味したのは、若狭で浪々の身だった元織田家臣の武田元明、一色義定（細川藤孝の娘婿）にすぎなかった。ほかに岐阜城留守居役の斎藤利堯《としたか》（斎藤道三の子）が城内を掌握し、付近の寺に禁制を掲げたが、光秀のために動くわけではなかった。光秀の謀叛に大義がない以上、織田家臣団の中から馳せ参じる者はかぎられている。

四国の長曽我部元親はどうだったか？　光秀が四国方面の責任者となって以降、光秀の甥である斎藤利三（徳川実記説による）が従兄（利三の妹が元親の正室）として親しく交渉していた、いわば縁戚の長曽我部元親である。その元親の四国支配の約束を信長が反故にしてしまい、担当者も光秀から秀吉に替えた一件。それがほかならぬ光秀の、謀叛の動機のひとつだった。だが、その元親はいまだ阿波の争奪戦の途上にあり、上洛する意志も準備もなかった。摂津には織田信孝・丹羽長秀らの四国派遣軍があり、光秀と元親は連絡も取れない状態だった。まさに孤立無援――。

じつは、光秀が頼りにできる勢力が他にもあった。その勢力はこんにちもなお、明智光秀を「宗派の大恩人」と言い伝えているのだ。その勢力とは、信長と十年にわたって文字どおり血みどろの戦いをくり広げた、浄土真宗（一向一揆）のことである。

浄土真宗（東西本願寺）は教派が東西に分かれた遠因として、顕如と教如の訣別があったとしている。そのことを伝える逸話のなかに、光秀への感謝の言葉が出てくるのだ。ちょっと極端な文例を紹介しておこう。

「（信長との和睦後）顕如上人は己に従わない教如を義絶し、弟の准如をたてて親鸞の御真影とともに、和歌山の鷺の森の別院へ移ったのです。ところが教如の予測どおり、信長は雑賀騒動を機として浄土真宗殲滅を謀っていました。その時の総大将が明智光秀だったのです。天正十年六月、暁の風を切って粛々と進む光秀の大軍が大江山にさしかかるや『敵は鷺の森の本願寺にあらず、本能寺にあり』と馬首一転、鬢髪をふり乱した美少年の森蘭丸に護られた織田信長が四九歳の生涯を火中に葬るという一大悲劇があったが為、危うく本願寺は救われたのです。だから三日天下の明智光秀は、浄土真宗にとっては大恩人ということになります」（浄土真宗系のサイトから、一部編集）

史実よりも歴史のありがたみを感じさせる、仏法説話の延長にあると考えてよいだろう。ただし、光秀寺というものが実在する。日向山光秀寺《こうしゅうじ》・浄土真宗本願寺派、住所は大阪府高石市千代田五－四－二三である。天正十年に仁海上人が創建した寺で、以前は泉大津市助松町にあったという。地元には光秀生存説もあるが、天海和上明智光秀説などと同じ、歴史伝説ロマンになるのでここでは触れない。

本願寺（一向宗）と提携していれば、あるいは畿内はもとより東国、北陸においても光秀は織田家臣団を圧倒できたかもしれない。一向宗とむすんで当面の敵を叩く。じつはそんな戦略が、じっさいに行なわれていた。すでに何度か触れてきた、上杉謙信と武田信玄のライバル対決、あるいは謙信の晩年の北陸支配においてである。

もともと一向宗の力を頼んでいたのは、正室（三条夫人）の実家が本願寺顕如と縁戚であることから、武田信玄のほうだった。川中島で会戦するたびに、信玄は越中の一向宗徒を動かして越後国境を牽制した。ために、上杉謙信は北陸方面の守備に兵を割かれ、つねに武田勢との動員合戦に苦しんだ。最大の決戦となった永禄四年の第四次川中島合戦で、武田勢一万六千に対して上杉勢一万三千。その他の川中島合戦でも、つねに武田勢が数でまさっている。

謙信は天正二年の関東遠征（関宿城失陥）を最後に、北陸に鉾先をむけて分国をもとめた。だがこの段階では、信長と呼応しながら将軍上洛を援ける出兵であり、その主敵は一向宗だった。謙信が東の敵であった一向宗と手を結ぶのは、ある政治変化によるものだ。

すなわち、長らく南の宿敵であった武田氏が、長篠において織田・徳川連合軍に敗退したことである。そしてこの時期すでに、信長は謙信の地盤である関東の武将たちと独自に連絡を取るようになっていた。この信長の表裏ある動きに、謙信は失望したと言われている。それを察してか、信長が足利義輝が狩野永徳に依頼したという洛中洛外図屏風を謙信に贈ったのは、このときのことである。

それまで謙信は、関東においては沼田領だけを前線基地として確保し、関東管領としての職務（関東の領地紛争の仲裁・裁定）に専念してきた。その謙信をして、信長の将軍家への不忠、および天下への野望を確認せざるをえなかった。

謙信の一向宗との連携とそれによる越中・能登・加賀の分国化は、将軍家をないがしろにする信長の野望を打ち砕く橋頭堡となる。天正五年、能登七尾城を落とした謙信は無人の野を駆けるごとく加賀・越前国境に殺到し、柴田勝家・滝川一正・丹羽長秀・羽柴秀吉（事前に戦線離脱）・斎藤利治（道三の末子）らの織田勢を手取川に破った。足利義昭の「越・甲・相が同盟して信長を討て」という将軍御内書が引き鉄となったとされるが、一向宗徒の合力がなければ果たせない電撃的な行動だった。

光秀の場合はしかし、自分の同僚や縁戚関係にある武将たちすら動かせない状況にあった。この光秀の準備のなさこそが、本能寺の変が中央にポッカリと軍事的空白が生まれたゆえの、咄嗟の政治決断だったことをうかがわせる。結論として云えるのは、明智光秀にはあまりにも政治的な準備がなさすぎた。決断力や判断の正しさではなく、準備がなかったのである。

じつは謀略をつかったのは秀吉のほうだった。秀吉は中川清秀からの書状に応えて、信長父子が生きているという情報を流しているのだ（梅林寺文書）。

いわく、京都からもどった者の話では、上様（信長）も殿様（信忠）も無事に切り抜けて、膳所が崎（大津）に健在であると。偽の情報を流布することで、光秀に同心しようとする織田家臣団に縛りをかけたのだった。

そしてこれが史実かどうかは不明だが、秀吉の軍事参謀・黒田官兵衛は毛利と和睦したときに小早川隆景から旗指物を二十本、直家（秀家の父）亡き後の宇喜多家からも旗指物を借りて、光秀の間者たちに見せつけるように姫路城に掲げたという（黒田家譜）。

一和会の敗北の構造

山口組四代目・竹中正久、若頭・中山勝正、直参組長南力を吹田市のマンションロビーで殺害したとき、それは周到な調査と計画、そしてほぼ一〇〇パーセントの実行力によるものだった。事件の衝撃性がいまも色あせないのは、その標的があまりにも大きすぎたのと同時に、誰もがプロの犯行と認めたところにある。当時の新聞紙面には「プロの犯行や」という山口組幹部の言葉が残っている。

現場を再現しよう。一月二十六日午後九時すぎ、マンションの二階の一室に陣取る長野修一に無線連絡が入った。「車は何台や?」車が複数ならば中止、一台なら決行と決めていた。「一台です」と無線からの声。これで決行が決まった。

竹中一行がマンションに着いたのは九時十五分だった。運転手の南組組員をコクピットに残し、竹中正久・中山勝正・南力の三人は一階のロビーを横ぎり、エレベーターまであゆみ出る。その壁の陰に四人のヒットマンたちがひそんでいた。拳銃を発射する音とともに叫び声があがり、南力が襲撃者に馬乗りになった。

襲撃者たちは竹中に弾丸を集中したが、思ったように当たらない。竹中をかばった中山の肩に当たり、ドウとその場に倒れる。つぎに、襲撃者に馬乗りになっていた南が側頭部を撃たれた。竹中も胸と腹に弾を受けていたが、立ち上がってマンションを出ると、待っていた車の後部座席に身体を横たえた。「だいじょうぶや」という竹中の言葉を、運転手は聴いている。

竹中は南組の事務所まで運ばれ、そこから救急車で大阪警察病院に向かった。中山と南は千里救命救急センターに運ばれたが、南は即死だった。中山も四時間心臓が動いていたが、夜半に死亡した。

集中治療室の竹中には、肝臓と腎臓に二発の弾丸がみとめられた。病院の前では山口組の組員が取りまき、警備の警察官に入れろと押し問答になっていた。岸本才三総本部長が「O型の者は手を挙げろ」「酒を飲んでる者はあかんぞ」「シャブをやっとる者もあかんぞ」と拡声器で呼びかけた。夜半から手術が始められ、六時間半後の朝七時すぎに終わった。その後も血圧は下がりっぱなしで、瞳孔も開いたままだった。そして事件から二十六時間後の一月二十七日午後十一時二十五分、竹中正久は還らぬ人となった。享年五十一。

実行犯たちはどうなったのか。指揮者の長野が現場から逃走するさいに逮捕されているが、ベテランヤクザの部類に入る実行犯たちは、身元が割れるのは覚悟の上だった。むしろ極道人生なかばの彼らにとって、このうえない名前の売りどころだった。

ほどなく実行犯五名の名が割れた。やがて見張り役、計画立案から総指揮を執った幹部の名前も割れた。作戦の立案者は悟道連合会の石川裕雄、作戦の指揮者は後藤栄治であった。そして、この襲撃を「大戦果」とする一和会幹部がいるいっぽうで、やりすぎだと評する幹部もあった。

通の人には言わずもがなの山一抗争、すなわち山口組の分裂抗争にいたった背景を解説しておこう。いうまでもなく分裂劇は、山口組中興の祖であり戦後ヤクザ隆盛の立役者ともいえる、田岡一雄の逝去による跡目争いである。松田組との熾烈な大阪戦争が、山口組の一方的な攻撃と終結宣言で終わったのと、これはほぼ同じ時期にあたる。

三代目山口組若頭・山本健一はすでに医師の往診を受ける身で、三代目を見送ると間もなく、みずからも波乱のヤクザ人生に終止符をうった。跡目は穏健派で山本健一と同格だった山本広で決まるかにみえたが、三代目未亡人文子姐の鶴の一声でくつがえった。

文子に推挙されたのが、亡き山本健一もその将来を嘱望していた竹中正久だった。竹中は武闘派として知られ、決断力の速さでも傑出した指導力を持っていた。くわえて、六法全書を丸暗記するほどの努力家でもあり、捜査当局の数次にわたる頂上作戦にさらされていた山口組が存続していくには、誰もがみとめる骨太の後継者だった。

しかしそのいっぽうで、山本広もかつては山本健一をしのぐ人望があった。最高幹部会の札入れでは三代目若頭の座をいったん射止めていたし（山健の反対で白紙に）、組織力・財政力では他を圧倒するものがある。さらに山口組随一の戦闘部隊を擁する加茂田重政が山本広を支持したことで、山口組は真っ二つに割れたのである。

以下、年表に沿って解説する。

【山一抗争】分裂・一和会の旗揚げ

山口組側

一九八四年六月五日

竹中正久の四代目就任挨拶

七月十日 竹中正久が鳴門で四代目襲名式。

八月五日 和歌山で山口組内松山組が一和会坂井組の幹部を刺殺。

八月二十三日 山口組が全国の友誼団体に、一和会義絶状を送付。

一和会側

山広派の記者会見。

六月十三日 一和会が旗揚げ。

これ以降、十数派にわたる一和会への山口組の攻撃が行なわれ同時に、一和会の各組織への切り崩しが行なわれ、この年のうちに両者の勢力が逆転する。

十二月三日　山口系古川組傘下の組員が一和会系井原組の若頭を銃撃する。

翌年一月十四日、一和会最高幹部の伊原金一は伊原組を解散した。

一九八五年一月二十六日
混成部隊が竹中正久・中山勝正・南力を殺害。

竹中正久らを襲撃するまで、一和会はこのままではジリ貧になる焦りがあった。分裂当初、勢力比は一和会の約六千に対して、山口組は四千七百という少数派だったが、年末までに完全に逆転していた。一和会が三千たらずに凋落するのに対して、山口組は一万人に近づく勢いだった。

両者の組織編制において、山口組のほうが圧倒的に軍事的優位を持っていたからである。すなわち、一和会が三代目山口組の最高幹部クラスや古参幹部からなる安定型、あるいは平和共存を志向する組織であるのに対して、四代目山口組は四十歳代の直参が横並びに競い合う、いわば行動力にあふれる挑戦的な組織だった。

一和会が山口組の菱の代紋をそのまま流用し、山口組睦会だとか山口組連合会などの名称を名乗っていたら、あるいはここまで組織を切り崩されなかったかもしれない。代紋はシノギのビジネスツールであり、若い組員たちの求心力である。だがその代わり、山口組との平和共存はおろか無関係の組織としての共存も、可能性がなかったであろう。山菱の代紋は唯一でなければならないからだ。

それが出来ない以上、一和会は乾坤一擲の作戦に出るしかなかった。山口組が混乱の内に瓦解し、一和会の代紋が旧山口組の本流であることを知らしめる。たもとを分かったからには、引くわけにはいかない。襲撃作戦を立案した悟道連合会の石川裕雄は、少なくともそう考えていた。すでに山口組は一和会を義絶しているのだから復縁はありえず、力関係を変えるしかない。

しかし、力と力の凌ぎあいよりも、長期の持久戦のうちに和解の潮目もあるのではないかと、一和会の指導部は抗争の激化を望まなかった。その組織的な内部矛盾を見てゆこう。少なくとも、抗争の激化の先に和解はない。あるのは相互絶滅戦であろう。和解・共存派と武闘派に、一和会のトップは分裂しようとしていた。

アジトで襲撃成功の一報をうけた石川裕雄は、バイクで検問をかいくぐりながら一和会本部に幹部を訪ねた。山本広や加茂田ら最高幹部はいなかったが、石川は襲撃成功を報告すると、すぐさま第二弾の作戦を具申した。

石川がつぎの標的に挙げたのは、渡辺芳則と宅見勝である。渡辺は緊急人事で四代目山口組の若頭となり、のちに五代目を継承する。宅見はその片腕として、あるいは実質的な裏組長として五代目山口組を牛耳った人物である。その意味では、石川は標的を的確に絞り込んでいたといえる。

ところが、一和会の幹部たちはその具申を却下した。竹中と中山を同時に殺っただけでも、やりすぎだと言うのだ。中には石川たちの壮挙を慰労する者もあったが、ここまでやってしまって、どう事態を収拾するのかと厳しい意見を云う者が多かった。

なるほど、それにも一理ある。ヤクザの喧嘩はたいていの場合に、その場の行きがかりで始まり、意地からのっぴきならないところまで来るが、その後は親分同士の話し合いで手打ちとなる。親分の器量とはまさに、子分たちが引き起こしてくる喧嘩を収拾することにあるのだ。それが意識的に狙った襲撃であっても、死傷者が出る段階で親分が乗り出して原因が究明され、しかるべき解決策が講じられる。その大半は断指であり、見舞金という決着になる。

だがいまや、一和会と山口組の抗争は抜き差しならないところまで来ている。まもなく、山口組の怒濤のような報復がはじまった。

【山一抗争】全国で大抗争

山口組側

一九八五年二月五日 山口組幹部会で四代目代行に中西一男、若頭に渡辺芳則。

二月二十三日 豪友会が高知市で中井組を襲い二名殺害。

三月六日 宅見組が四日市市で水谷一家の相談役を殺害。

三月十七日 中井組が豪友会事務所を襲い一名を殺害。

三月二十五日 山口組系章友会が一和会高橋組の相談役を刺殺。

四月四日 豪友会が宅配便を装って中井組本部に乗り込み二名を射殺。

一和会側

山口組側

四月五日　札幌の誠友会が山口組の舎弟になる。

四月十二日　弘道会園田組が
一和会系隈田組の幹部を拉致し一名殺害。

四月二十三日　健竜会簗取総業が
和歌山で一和会系光山組組長を殺害。

四月二十三日　加茂田組が
山健組事務所付近で八名に乱射し一名殺害。

五月五日　山口組系紺屋組が加賀市山代温泉の
加茂田組内奥原組を襲撃し一名殺害。

五月五日　神戸市で
山口組系南野組組員を殺害する。

五月二十九日　後藤組と美尾組が
山本広邸にダンプで突っ込む。

一和会側

六月二十三日　山口組系一心会が山広組の幹部を射殺。

七月十九日　神戸政界の大物・中井一夫が九月末までのユニバーシアード休戦を両陣営に提案し、双方ともに了承する。

九月二日　竹中正と織田譲二がホノルルで兵器密輸・殺人謀議容疑等で逮捕。

十月二十七日　竹中組輝道会が倉敷市で一和会幹部2名を射殺。

十二月二十日　中川連合会愛国青年同盟の幹部を一和会本部前で射殺。

十二月二十五日　一和会組織委員長・北山悟を三ノ宮で襲い負傷させる。

一九八六年一月二十一日　竹中組大西組が加茂田組内小野会会長を自宅で殺害。

山口組側

一月二十四日　一和会系組員を和歌山市内で射殺する。

一月二十四日　三代目の未亡人文子姐が逝去する。

一和会側

昭和六十（一九八五）年は、山口組の猛攻のうちに暮れた。

中山勝正（山口組若頭・豪友会会長）を殺された高知の豪友会の報復が多く、同じく竹中正久組長を殺された竹中組は兵庫・大阪府県警の封じ込めに苦しんでいた。事件直後の二月一日に竹中武（正久の実弟）が賭博容疑で逮捕され、さらに九月に竹中正（同）が囮捜査でアメリカ捜査当局に逮捕と、一和会への報復がままならない事態に陥ったが、ほどなく攻勢に転じる。一和会からの反撃としては、豪友会の元親組織だった中井組の反撃、最武闘派の加茂田組が反撃に出ている。

こうして、七月のユニバーシアード休戦はあったものの、ヤクザ抗争の猛威が社会を覆い、もはや治安問題であると警察幹部は抗争終結に焦りをみせた。

そんな折に、長らく入退院をくり返していた田岡文子が亡くなった。その生涯をかけて田岡三代目をささえ、竹中四代目を実現した実力派の三代目姐でもある文子の死は、抗争をひととき忘れさせるものだった。ここに抗争終結のムードが生まれたのである。

文子姐の葬儀を前後して、稲川会の石井隆匡会長、元神戸市長の中井一夫らが労をとり、山口組と一和会の双方に和解の打診をしている。さらに関東の神農会系からも、山口組に対する抗議の声があがり、これが和解交渉への契機となった。

すなわち、一和会相談役の息子が襲撃された件（息子は一和会とは無関係のテキヤだった）で、テキヤが全国のお祭から排除される動きがあったのだ。これには関東の交流会で住吉連合の西口茂男副会長から、和解調停が進行しつつあると説明があった。

じっさい、稲川会の稲川聖城総裁、会津小鉄の髙山登久太郎総裁代行らが奔走していた。軍事的劣勢にある一和会にとっては、義絶状があるかぎり手打ちにはならないにせよ、年齢的にも稼業歴も先輩の大物組長たちの仲介で、山口組と並存できる「和解」。これによって、任侠団体としてみとめられる、いわば政治的勝利が目前だった。

だが、その和解ムードを打ち壊す事態が起きたのである。次掲の表にあるとおり、竹中正久の命日を狙って、墓前で襲撃が行なわれたのである。いっぽうで握手の準備をしながら、片手でヤクザにとっては最も忌避されるべき墓前での待ち伏せ襲撃。そこには明らかに和解反対勢力の意志がはたらいていた。結果的に、一和会は戦争指導の一貫性、すなわち軍事の政治への従属・統制がはかられなかったのである。幹部たちの統治能力が問われる局面で、一和会はそれに失敗したのである。

六月には竹中武が保釈され、山口組にとっても不安定な要素が加わった。竹中武は非和解的に、一和会を絶滅に追い込むことを主張した。山口組としても、これ以上の犠牲は望むところではなかった。抗争による組織の疲弊、あいつぐ組員たちの逮捕、何よりも世間がこれ以上の抗争をゆるさない。

【山一抗争】和解への動き頓挫

山口組側

一和会側

二月二十七日　加茂田組系花田組の幹部が四代目の墓前で、竹中組の組員を二名射殺（終結ムードが消滅する）。

五月二十一日 竹中組が一和会副本部長・中川宣治をミナミの路上で射殺。

六月十九日 竹中武が一年五ヶ月ぶりに保釈出所。

七月二十四日 渡辺芳則が傷害容疑で指名手配され、八月十四日に出頭。

八月十八日 兵庫県警が山一抗争は事実上終結と、兵庫県議会で説明。

十月二十六日 山健組内鈴秀組組員がタイ発大阪行き機内で手榴弾を破裂させ、乗員・乗客ら六十二人が重軽傷。

二月八日 山口組執行部、対一和会抗争の終結を決定する。

一九八七年二月二日 一和会常任顧問の白神英雄がサイパンで射殺体で発見される。

二月十日 一和会が抗争終結を決定。

山口組側

一和会側

三月八日　山口組（伊豆組・稲葉一家）、道仁会と小倉で手打ち。

六月十三日　山広組・内川健組が中野会副会長を射殺（終結破り）。

一九八八年一月三日　中野会が山広組事務局長・浜西時雄を山広組本部前で射殺。

四月十一日　弘道会がススキノで加茂田組内花田組組長・丹野勝治を射殺。

一和会は竹中正久の命日に墓参した竹中組組員を襲撃するという暴挙で、任侠団体として生き残るすべを失った。戦う組織の建て直しもできなかった。じつは一和会は、組織としての基本的な体裁すら、一・二六襲撃の事後処理で失いつつあった。竹中・中山・南を葬った襲撃部隊を、組織的に放置してしまっていたのである。

作戦の立案者であり、統轄責任者であった石川裕雄が一和会幹部から「やりすぎだ」と批判され、新たな作戦を容れられなかったのはすでに述べた。

同じく、一・二六の襲撃班を自分の組から組織した山広組内後藤組の後藤栄治は、一和会の幹部に取り次いでもらえない状態になっていた。本部に連絡をしても、取り合ってもらえない状態がつづいていたのだ。

ヤクザの抗争では、阿吽の呼吸もしくは親分のなにげない示唆で子分たちが動く。親分を教唆犯にしないための、いわば暗黙の指揮系統である。あくまでも、子分が親分の心情をおもんぱかり、その意を汲んでカチコミ（殴り込み）を行なう。けっして子分たちは、親分と幹部たちには累をおよぼせないのである。

しかし真に義侠心のある親分ならば、みずから捜査陣の前に立ちはだかり、子の責任は親の責任だとかばうはずだ。すくなくとも実行犯に身をかわさせ、その逃走資金とルートを確保しなければならない。罪を背負って管轄外に逃走させるのを「旅に出させる」という。一和会にはそんな余力も残されていなかった。

後藤栄治の親分である山本広（一和会会長）はといえば、姿をくらましたまま連絡もとれないありさまである。そんな折に、後藤の子分たちが山口組に拉致されてしまう。

「後藤はどこや？　命が惜しかったら、あんじょう言わんかい。後藤はどこにおるんや？」

「し、知らんわい」

「ほうか、上等やのぉ（ボコッ、ドスッ）」

という感じである。

万策尽きた後藤栄治は、みずから後藤組の解散届を警察に送り、子分が山口組から解放されたのを確かめて地下にもぐった。いらい今日にいたるまで、後藤は消息を絶ったままである。

【山一抗争】一和会の崩壊

山口組側

五月七日　竹中武が加茂田重政と折衝し、解散と引退を引き出す。

五月十四日　竹中組の安東美樹らが山本広の自宅を攻撃し、警官三人を銃撃。

一和会側

五月二十一日　一和会会長代行・松本勝美が解散と引退を決める。

六月十日　一和会理事長補佐・福野隆が一和会を脱退。

一九八九年二月二十七日　竹中武が
山口組若頭補佐に就任。
三月十六日　渡辺芳則が
髙山登久太郎邸で山本広と会見し、
一和会の解散と引退を確認する。

六月十六日　一和会常任幹事・
中村清が解散、引退。
七月十二日　一和会風紀委員長の松尾三郎が
一和会大川健組に襲われる。
七月十五日　一和会の松尾三郎、
北山悟ら幹部十一名が脱退。
十月四日　一和会理事長補佐・
加茂田俊治(松山市)、常任幹事・大川健(大阪)が
一和会を脱退・解散。
十月五日　一和会常任幹事・坂田鉄夫が
一和会を脱退。

山口組側

三月三十日　山本広が稲川聖城にともなわれて
山口組本家を訪ね、田岡一雄の位牌に焼香。

四月二十日　渡辺芳則が山口組五代目に就任。

一和会側

三月十九日　山本広が神戸東灘署に
解散と引退届を提出。

抗争年表のとおり、一和会最武闘派の加茂田組が最初に解散（加茂田重政は引退）し、一九八八年中に解散・引退する一和会組織があいついだ。歯が抜けるように脱落者が続出する中で、一和会幹部が同じ一和会の組員に襲われる内ゲバ事件まで起きている。

一和会が解散したのは、分裂が決定的となった一九八四年六月四日の直系組長会（竹中正久が組長就任挨拶・のちに一和会に参加する直系組長は欠席）から四年と九ヶ月、竹中の死から四年二ヶ月後のことだった。

山一抗争の末期、竹中武はもはや息も絶えだえの一和会に追撃の手をゆるめず、抗争終結に最後まで反対した。山本広の自宅を襲い、警備の警官を銃撃するなど山口組にとって厄介な存在になりつつあった。

八九年二月の定例総会で、竹中武はいったん本家若頭補佐に就いているが、渡辺芳則の五代目就任には態度を保留した。その後、山口組内部でも竹中組のあつかいをめぐって議論が紛糾し、けっきょく五月の新執行部体制発足のとき、竹中武はこれを欠席して山口組を脱退した。

その後、あくまでも引退した山本広ら一和会幹部を付け狙う竹中組に、山口組がケジメとしての抗争を仕掛ける。発覚しているだけでも二十数波におよぶ襲撃（ガラス割りをふくむ）が行なわれ、誤認をふくむ四人が負傷、二人が死亡している。引退と解散をせまる山口組の猛攻に、竹中組は耐えながら元一和会幹部を狙うという、ねじれた抗争が、竹中組の消滅まで終わることなくつづいた。

藤堂高虎のごとく——抗争がみちびくヤクザの流転人生

これらの抗争事件のなかで、解散した組織から他の組織に拾われる者、あるいは対立する組織から離脱・移籍する者が少なくなかった。解散は抗争によるものだけではない。親分の死後、後継者に適任の者がいない場合は、まるごと同系列の組織に吸収されたり、預かりになるケースもある。そこで、二君に仕えるヤクザが出てくるわけだ。

いっぽうでまた、ヤクザ組織は擬似の血盟的な結合とともに、地域的な縁で出来ている社会でもある。とくに群雄割拠する神戸や大阪においては、代紋の違いをこえて地域的なつながりがある。さらには、下獄したときに知り合って代紋ちがいの兄弟になるケースも少なくない。

そこから縁をたよって組織を流転し、あるいは放浪ののちに拾われる者も出てくる。われわれは戦国時代にも二君に仕えるどころか、はなはだしく仕官先を変えた戦国武将があったのを知っている。例をあげよう。

十人の主君に仕えたのが藤堂高虎である。もとは近江浅井家の家臣だったが、浅井長政が信長に滅ぼされると、浅井の家臣だった阿閉貞征《あつじさだまさ》、ついで磯野員昌、つぎに織田信澄（信長の甥）に仕える。はやくも四人目である。この阿閉と磯野はともに浅井家を裏切って信長に仕えた武将で、阿閉は光秀の謀叛にくみして滅亡、磯野は信長と対立して出奔してしまう。信澄も光秀の娘婿なので、光秀の一味と疑われて殺されてしまった。

じつに、高虎が仕えた四人とも滅んでしまうという顛末。もはや高虎に見る目がないのか、彼自身が疫病神なのではないか。この経験から少しは人物を見る目が肥えたらしく、高虎の五番めの主君は、大坂宰相と呼ばれた名君・豊臣秀長であった。その秀長のもとで、高虎は石垣の築城技術と公家社会への接近をはかった。鉄砲全盛時代に変化した築城技術、および天下びと秀吉をささえる朝廷外交への習熟。高虎の時代を見る目の確かさをうかがわせる。

秀長が亡くなると、その養子の秀保に仕えるも、秀保が早世してしまう。やはり高虎が仕えた主君は死にやすい、じつに滅びやすい。それを気にしたのか、高虎は高野山に隠棲している。だが、有能な高虎を秀吉が放っておくはずがない。七人目の主君・秀吉によって高虎は、宇和島城主・七万石の大名となるのだった。

ところが、秀吉が死ぬと高虎は思いがけない行動に出る。徳川家康への急接近である。これだけ主君を変えてくれれば、その情勢分析力たるや明晰なものがある。はたして、彼の鞍替えをきっかけに、豊臣恩顧の武将たちが雪崩をうって徳川方に走った。

関ヶ原の合戦後、秀忠の代になって豊臣系の大名たちがあいついで改易されるなか、高虎は朝廷との交渉力を買われて、和子《まさこ》の入内に尽力することになる。武辺の時代が去り、築城土木の時代が去っても、役割は残っていた。すでに従四位の下と殿上人であり、織部風の茶の湯を豊臣秀長から継承したことで、高虎は老獪な政治力を発揮したのである。

外様の外様から頂点に登りつめたヤクザは、工藤會の溝下秀男が有名なところだ。もとは筑豊の不良グループを率い、門司を拠点とする大長一家の若い者として頭角をあらわした。大長健一亡き後は、上京してボクサーをめざす。

その後、ボクサー志望に見切りをつけ、遠賀流域で極政会を結成し、草野一家に加入する。政治家への転身の道もひらけていたが、政治を極めるところ、かならずしも表舞台に立つことではないと考えた。極政とはその謂われである。その後は工藤組と草野一家の抗争をへて、工藤連合草野一家の若頭に大抜擢される。三代目を襲名し、本流である工藤會に名称をあらためる。

そのかん溝下の力の源泉となったのは、武闘一辺倒ではない事業力、政治家との人脈、パソコンの導入を先駆けるなどの知力だった。普請が得意だったというから、おそらく不動産業者との仕事が多かったのであろう。やがて喧嘩だけではない時代が来るのを読むことで、誰もがみとめる一門の領袖《りょうしゅう》となったのである。

山口組との関係では、広島の共政会二代目・沖本勲を介して山健組二代目・桑田兼吉と廻り兄弟だった。

「真田日本一之兵《つわもの》なり」と比すべき、伝説のヤクザ

みずから望まない変転といえば、主家の多さで藤堂高虎に劣らない真田三代（幸隆・昌幸・信之と信繁兄弟）であろう。守護職・小笠原長時が国を去ってから、甲越両国すなわち甲斐の武田と越後の長尾（上杉）の併呑するところとなった信州。真田家も弱小の国人領主にすぎなかった。

まず真田幸隆は関東管領上杉憲政をみかぎり、武田信玄の政治力をたよった。砥石城を落と

すなどたちまち軍略を発揮して、武田二十四将に名をつらねる。武田氏滅亡後は織田信長に臣従し、本領を安堵される。織田信長滅亡後、滝川一益や河尻秀隆ら織田勢力が一掃されると、真田家は北条氏に従った。三度目の寄り親（御屋形）選びである。

さらに、甲斐・信州をめぐって、上杉・徳川・北条が争った天正壬午の乱では、上杉家に属して旧領の上田を復した。これで真田家は独立した戦国大名となるわけだが、このさいに真田信繁（幸村）は上杉家に人質として置かれた。

やがて、羽柴秀吉が織田家臣団の争闘に抜きんづ。つぎに真田家が選んだのは、その秀吉だった。北条氏と沼田領をあらそい、小田原の陣の原因をつくったのは真田家である。

しかし、いまだ天下の趨勢さだまらず。真田昌幸は嫡男の信之を徳川配下に、自分と信繁は石田三成の西軍にしたがう、二方面の生き方を選択するのだった。その後のことは周知のとおり、昌幸・信繁父子は徳川秀忠軍を上田城にこもって破り、秀忠の関ヶ原参陣をさまたげた。真田が徳川を翻弄したのは、これが二度目である。

戦後は嫡男の信之が、父親と弟の助命にこれつとめ、父子は九度山に隠棲した。昌幸が没後、徳川と豊臣の最後の戦い、大坂の陣に参加した信繁は孤軍奮闘し、その活躍は「真田日本一之兵」と称された。徳川重臣の本多忠勝の女婿となった兄の信之は、信州松代と上州沼田に十三万石を得ることになる。

真田家三代の場合、藤堂高虎のような時代を見る才覚ではなかった。なるほど幸隆も昌幸も機を見るに敏だったが、それは圧倒的に強力な上杉・武田・北条・徳川といった戦国大名に囲まれ、ほとんど生き延びるために主君を選ばざるを得なかった。

そして真田信繁にスポットを当てるさい、見えてくるのは武辺にのみ生きる朴訥な武人の気風である。祖父や父親の政治的センスや、兄信之のような器用さは感じられない。ただひたすら、武勲にいきる武士《もののふ》の気概である。なぜならば、九度山隠棲から請われて大坂に入場したとき、信繁は大野治長らの籠城策を説得できず、政治的にはその後塵を拝している。武辺をもってしか情勢に対処できなかったのだ。

そんなヤクザが山口組の周辺にもいた。その名を、平澤勇吉という。平澤勇吉は大日本正義団の出身である。

松田組大日本正義団は、もともとは反共の行動右翼団体である。京都の白峰神社の宮司が顧問役をつとめ、七〇年代の左翼運動に対抗してつくられた青年学生組織だった。その意味で、独自の賭場を持つ博徒集団である松田組では異色の存在であった。

だが、その思想性よりも行動力で抜きん出て、いわば松田組の戦闘組織とみなされるようになっていく。行動するときはつねに防弾チョッキを着用し、拳銃は一人に一挺、五隊をもって軍団編成としていた。もとは左翼学生運動と対抗するために組織した軍事力だったが、七二年の連合赤軍事件をもって学生運動は退潮に転じた。正義団にも新たな戦線である博徒への道、任侠界参入を選択する時が来たのである。

したがって、山口組との大阪戦争（一九七五〜一九七八年）は大日本正義団にとっては、任侠界で名をあげる絶好の機会となったのである。松田組の樫忠義組長が抗争の初期から関西二十日会の仲裁を頼み、親交のある菅谷政雄（山口組若頭補佐）と和解話を進めていた一方で、正義団は独自に本格抗争の準備を進めていた。これが大阪戦争の本格化の裏舞台である。

そしてその大日本正義団の行動隊長というべき人物が、平澤組の平澤勇吉なのである。勇吉を「ヤクザの中のヤクザだった」と語るのは、長らく山健組の最高幹部をつとめ、神戸山口組の舎弟に直った太田興業の太田守正（『血別』サイゾー）である。武闘派親分がこう表現するのは、ヤクザの価値とは喧嘩をすることにあり、その最も過激なスタイルが平澤勇吉ということになる。

「相手と話がつかんやったら、喫茶店のテーブルの下から、いきなりパーンと弾《はじ》くのが勇吉ですわ」「松田組との抗争で、山口組がやられた襲撃はぜんぶ勇吉ですからな。そやから、誰も勇吉を引き取られへんわけや。そらもう、爆弾みたいな男なんです」（『血別』前掲書）。

というのも太田は後年、波谷組が解散したときに、平澤勇吉を一家ごと引き受けたのである。

ここで波谷組の名前が出てきたのは、大阪戦争ののち大日本正義団が樫忠義と菅谷政雄の縁で、菅谷の舎弟である波谷守之に引き取られたからだ。

鳴海清という、山口組のドン・田岡一雄を撃った男を輩出した組織にして、初代会長の吉田芳弘(山口組に殺された)の遺骨を齧りながら報復を誓った大日本正義団は、抗争後の松田組が松田連合として余命をたもった時期も旺盛な戦闘力を保持していた。松田連合の解消後、鳴海清にドンを撃たれた山口組が引き取るわけにもいかず、波谷組に吸収されたのは自然な流れであった。

そして、その波谷組でも大日本正義団は抗争の中心になった。それも波谷の古巣である山口組、二十人もの犠牲者を出してくり広げられた大阪戦争の再戦がはじまってしまったのだ。抗争の発端は、組織への加入をめぐって、波谷組の岩田好晴の強引さを嫌った安井武美が弘道会に走ったことだった。

怒った岩田らが安井を襲撃し出血多量でなきものにすると、弘道会がその日のうちに波谷組系川田興業を襲い、幹部に重傷を負わせた。以後、山口組(弘道会)の側から二十日足らずのうちに判明しただけでも二十件近くのカチコミ(襲撃)が行なわれ、そのうち一件は元NTT職員を誤爆で殺してしまう。この事態に、山口組本部はあわてて抗争禁止を指令した。

山口組の各組織がターゲットにしたのは、ここでも平澤勇吉だった。平澤組の組員を二度にわたって拉致し、勇吉の居所を訊き出そうとしている。そこには、大阪戦争のときに山口組本部事務所（総本部にあらず）を襲撃したり、関西二十日会の仲裁が行なわれているさなかに、中西組の若者が襲撃されて命を落とした記憶。あるいは平澤勇吉のすがたに、かの鳴海清を重ね合わせていたかもしれない。

山口組本部の必死の統制によって、カチコミは七月なかばには収束した。そして十二月にいたり、抗争の原因となった岩田好晴が自殺にちかい事故死をとげ、それを機に波谷守之は共政会の沖本勲、その兄弟分である山健組桑田兼吉を介して、山口組に手打ちの条件をつたえた。その条件は、波谷組の解散だった。

すでに述べたとおり、平澤勇吉は太田守正に拾われ、五人目の親分に仕えることになった。その平澤勇吉も、獄中で食事を断って体調を崩し一時出所の措置となるが、それがもとで亡くなった。世の日陰者のヤクザらしいといえばそれも相応しい、真田信繁のような戦場に散る華々しい最期ではなかった。

宅見勝若頭殺害にみる報復の論理

けっきょく四代目山口組は、みずからの体内から派生した分裂組織の存在をゆるさなかった。ある意味では分裂して覇を競い合った一和会。松田組との大阪戦争のさなかに、北陸で直参に推挙された自分の舎弟を殺し、田岡時代に絶縁された菅谷政雄の菅谷組、そしてその後継者である波谷守之の波谷組、山口組を離脱した竹中武の竹中組――。

おそらくそれは、幹部たちが意識してのことではなかっただろう。ヤクザの行動原理として、分裂組織はゆるさないのである。これらは組織としての内部粛清の延長にあった。

ところで、宅見勝五代目山口組若頭を殺した中野会については、医師を巻き添えにしたことから破門の処分から一転して絶縁処分となったが、ただちに絶滅戦がしかけられたわけではない。その後も犯行を否定する中野会に対して、復帰の目があるなどという噂が何度か持ち上がったものだ。

それでも、中野会の最高幹部たちは宅見勝若頭殺害を計画したか、しなかったか（吉野和利幹部の独断とする説が有力）を問わず、宅見組の猛烈な報復に遭っている。ナンバー2とナンバー3がそれぞれ、宅見組のヒットマンに暗殺された。菅谷組も波谷組も本家の制動にもかかわらず、ほかならぬ本家の思惑をおもんぱかった山口組の下部組織に追い詰められたのである。

ヤクザが「報復《かえし》」の精神的な論理、大義名分に立っている以上、いかに上部組織が抗争禁止の措置をとっても効き目はなかった。ここでの報復の論理、思想とは何なのだろうか。われわれ日本人に固有のものなのか、それとも人類に普遍的な価値なのであろうか。

少なくとも、戦国大名には報復の思想は顕著ではない。長らく争った相手を滅ぼしたとき「年来の鬱憤を晴らした」という記述は残っていても、それは相手が当面の脅威であり打倒しなければみずからが軍門に降るしかないからである。

中野会の幹部を殺害して親分（宅見勝）の仇を討った宅見組の若いヒットマンたちは、そうしなければ代紋に曇りが生じるがゆえに、決死の覚悟で暗殺を行なったにちがいない。そこには大義名分とメンツ、そしてヤクザとしての利得（栄達）が並存していたはずだ。

仇討ちの大義か、それとも欲得づくの立ち回りか

仇討ちの大義名分は、周知のとおり江戸時代に武士階級にひろまった儒教思想（朱子学）によるものだ。ヤクザが好む「仁義礼智信」の五常《ごじょう》、および「父子」「君臣」「夫婦」「長幼」「朋友」の五倫も儒教の教えである。その意味では、ヤクザの思想は江戸時代の武家と同じということになる。

儒教は早くから渡来し、奈良朝に僧侶のあいだに広まっていた。しかし武家に広まるのは、江戸時代を待たなければならなかった。戦国時代まで、儒教寺院の学問にすぎなかったのである。その学問が武士のものになった江戸時代に、仇討ちは当主継承の資格を問うものとなった、いわば武家の相続制度である。公的な処罰が出来ない場合に、遺族（嫡子）は奉行所に仇討ちを届

け出てそれを履行することを許された。ほかの場合でも、たとえば赤穂浪士は吉良上野介を討つことに、お家存続の一縷の希望を託したのにほかならない。ちなみに、御成敗式目（鎌倉幕府）は仇討ちを明確に禁じていた（死罪）。頼朝の時代には仇討ちを、幕府の裁定にしたがわない私闘とみなしたのである。この価値観の変化はどうだろう。

朱子学は君臣の道を説く思想であるから、戦国大名も知らないわけではなかったはずだ。しかるに、新恩給与に対するご奉公が鎌倉いらいの基本であって、彼らの忠義とは装飾的な褒め言葉でしかない。恩を支給しない主君は、彼らの主君ではないのだ。

戦国大名は大義名分論や君臣の思想などよりも、いっそう実戦的な政治論が詰まった書、すなわち『史記』や『漢書』、『後漢書』などの史書を愛読していた。さらには『孫子』『呉子』『六韜《りくとう》』『三略』などの兵法書である。本朝のものでは、『太平記』に『平家物語』そして『源平盛衰記』にとどめをさす。

教養という意味では、一転して『源氏物語』『伊勢物語』ということになるが、これは戦国大名が戦勝祈願のために連歌を好んだことから、詠歌の素養としたものである。武田信玄は今川家から『伊勢物語』を譲り受け、みずから詠歌を嗜んだし、伊達政宗は『源氏物語』を書写した。あるいは上杉謙信も上洛したおりに、近衛稙家から『詠歌大概』を書写してもらっている。このあたりの教養では、ヤクザと戦国大名はかなりメンタリティが違ってくるようだ。

したがって仇討ちの大義名分、やられたらやり返す衿持《きょうじ》に、いかに戦略的な内実を持ち得るか。これがヤクザを抗争に駆り立てる思想的基盤となる。

竹中組の場合は、宅見組と少し事情がちがう。竹中組は亡き竹中正久山口組四代目の報復のために、あくまでも一和会のトップを取る（殺す）ために抗争を継続して五代目山口組を離脱した。のみならず一和会の残党と戦いながら山口組の統制のための攻撃を受けるという、二重対峙の困難を余儀なくされても組を解散しなかった。竹中武の没後、竹中正が独立組織竹中組の三代目をついで、二〇一四年に亡くなるまで存続しつづけたのである。

この場合、亡き先代（竹中正久）のために組織は存続したのであって、そこから山口組への復帰や独立組織としての発展を期待したものではないだろう。存続する大義名分、そして意地と誇りが彼らをささえたはずだ。

これらの抗争事件にみるヤクザの明解さは、しかし例外的なものだとわたしは思う。ヤクザの抗争の大半は、飲み屋での喧嘩がきっかけであったり、利権と欲得を相争う陰謀であったりと、あまり美しいものではない。

縄張り争い、ポストをめぐって、好き嫌い、女をめぐる争い、男の嫉妬……。そこが人間的で興味ぶかいと思わせた典型が「仁義なき戦い」のモデルとなった広島抗争である。じつにドロドロとした男同士の騙しあい、利用と裏切りが連続するドラマツルギーこそが、『仁義なき戦い』を叙事詩に昇華したというべきであろう。

もともと広島抗争は、山村辰雄（劇中名は山守義雄・配役金子信雄）という野心家だが陰謀好きの親分が、名門博徒の土岡組から呉の覇権を奪おうとしたことに始まる。山村の意をうけた美能幸三（劇中名は広能昌三・配役菅原文太）は、土岡博を殺そうとするが果たせず、山村にも責められ身の危険を感じて自首する。

いっぽう、広島で最大の勢力となっていた岡組（岡敏夫）では、後継候補の打越信夫が山村組の美能幸三・佐々木哲彦（劇中名は坂井鉄也・配役松方弘樹）らを舎弟にした。この兄弟盃が山村の不興を買い、なおかつ打越が山口組の安原政雄と兄弟の盃（一九六一年五月）を交わしたことから、広島を二分する抗争となる。すなわち、外部勢力の進出をきらう岡敏夫が山村に跡目を継がせたのである（一九六二年五月）。山村は岡組の勢力を傘下におさめるのだが、ここから先は複雑な人間関係が錯綜する。山口組が打越を支援し、本多会（本多仁介）が山村を支援する、いわゆる代理戦争となっていくのだ。美能らもまた、山村組を破門されて大抗争に巻き込まれてゆく――。

『仁義なき戦い』の脚本家・笠原和夫の取材録（美能幸三・所聞）によれば「組織力がないから、一家内がまとまらない。『仁義』はなかった。これは山村の人格で、彼は俠客としての修行をしてないから、自然子分も筋目を通すことより、実力次第となる」（『仁義なき戦い・調査・取材録集成』太田出版）と、山村組の実態が語られている。

その山村辰雄は実業家に転じたのち、ふたたび広島共政会の会長におさまるが、覚醒剤を禁じておきながら子分から取り上げたブツを横流しするなど、畏敬をもって一家を従がわせる人物ではなかったようだ。美能幸三の評価が正しいと思う。

いっぽうの打越信夫も、抗争がはじまってしまうと雲隠れをしてしまうのだ。これが逆に、抗争に拍車をかけた。相互にキャバレー爆破・ダイナマイトの使用・ピース缶爆弾など抗争がエスカレートするなかで、山村と打越が逮捕される。死者九人、逮捕者百六十八人を出す抗争に終止符が打たれたのは一九六七年のことだった。この抗争のどこにも、大義らしきものは感じられない。狡猾な親分と優柔不断な親分を神輿にかつぎ、しかしそれも裏切られる。それぞれが陰謀をめぐらせ、あるいは仲間を利用して食い物にする。まさに仁義なき戦いである。

それにしても、忠義や正義の美辞麗句で飾りながら「敵の敵は味方」とばかりに同盟関係の誓詞を反古にして、自分の勢力拡大のみに熱中した戦国大名と、広島抗争の主役たちはじつによく似ていると、わたしは思う。

史上最大の抗争事件である山一抗争や宅見組の中野会への報復は、まだしも力による正義や正当性、報復の大義が明確であるところに救いがあった。そんなことを実感させる事件が、しかし平穏なかたちで現に進行している。

六代目山口組の分裂

平成二十七年八月二十六日、ある地方の独立系組織の方からわたしに電話があり、どうやら山口組の分裂が決定的であるようだと知らされた。その段階で東京のジャーナリストたちは「ありえない」「何かあるかもしれないから、継続して話を訊いてほしい」という反応だった。すでにその方面の掲示板にスレッドが立っていたので、その方面にくわしい人物にネット連絡をすると、風雲急を告げる事態であるという。その日のうちに、神戸山口組となるグループ（十三組織）の脱退が確認された（警視庁組織犯罪対策部）。

誰もが「ありえない」と考えていた現実の分裂も、じつに簡単に説明できることに気づく。そこに当事者たちの現実的な判断があればこその合理性が、いまはあと付けの説明となるのだ。かつての山口組幕藩体制というジャーナリストたちの評価はしたがって、組織の外観を表現したものではあっても、その内実まで探求したものではなかったことになる。幕藩体制はもろくも崩壊し、応仁・文明の乱に回帰してしまったのだから。分裂の理由を分析してみよう。

まず第一に、将軍家と諸大名の主従関係が本家と直参の親子関係とパラレルに感じられるのは間違いではないにしても、じっさいには山口組は連合組織である。弘道会による当代の独占

山口組総本部（本家）の武家門、五代目時代に建立された

（司組長・髙山若頭・弘道会組長の直参昇格）によって、他の潮流は将来にわたって冷遇を余儀なくされる。これで組織的な矛盾（派閥対立）が起きないわけがない。

第二に、本質的には連合体であるにもかかわらず、本家の統制力が運営費（上納金）や日用雑貨の強制購入、そして苛酷な統制処分におよんだこと。神戸山口組が結成の趣意書にあげた「本家の利己主義」がそれである。これで叛乱が起きないわけがない。

そして第三に、暴対法および民法の使用者責任の適用が抗争事件をゆるさず、逆盃という外道にもかかわらず、双方ともに動けないのが現実である。すでにこれは、道仁会の分裂後（九州誠道会——浪川睦会）の抗争事件が、おびただしい犠牲を出しながらもいったん終息した現実。この両組織が並立していることに示される抗争なき時代の到来である。ここに分裂への道が開かれていた。

じつは山口組の分裂は、六代目体制が確立した時期にいったん俎上にのぼっていた。二〇〇八年の後藤忠政若頭補佐の処分、および後藤処分を批判した十二人の直参組長に対する処分である。

このとき、謀叛に一味したとして除籍処分をうけた太田守正は「本家と抗争になれば警備が貼り付くし、すぐにやられはせん。一〇〇〇人の子分たちを引き連れて独立することも考えた」と言う。子分たちも「会長、ここは意地を通しましょう」という反応だったが、古稀の親分は子分たちのために矛を収めたのである（前出『血別』）。

三代目が亡くなったときも、四代目に従うのを拒んだ者たちが一和会を結成して、山一抗争という未曾有の抗争事件が起きているし、五代目継承のさいも怪文書とともに一群の直参衆が袂を分かっている。

山口組だけではない。前述した道仁会のように本格抗争にいたった分裂の例もあれば、山口組につぐ大組織である稲川会も分裂寸前にいたったことがある。いずれにしても、代替わりは任俠団体の正念場である。それまで兄弟分だった人間を親分と崇め、その配下になるのだから。

寄り合い――中世惣村《そうそん》の構造

山口組は直参組長を集めておこなう定例会を、寄り合いと呼んでいる。毎月五日に、地方からは各ブロックごとにマイクロバスを仕立てて総本部に集まり、長くても一時間ほどの会合を終えて、その帰路にブロックごとの慰労会を催す。昨今は警備当局の監視がきびしく、宴会場を借りるのも苦労が多いという。山一抗争にさいして、岸本才三本部長が「不言実行・信賞必罰」を宣言したのも、この寄り合いの場だった。

この寄り合いは、中世いらいの惣村の合議制をそのまま引き継いでいる。惣村で大人と呼ばれた家長は直参衆、取りまとめ役のトップである村長《むらおさ》が組長、若衆組を統轄するのが若頭、長老や相談役が舎弟会ということになる。近世・近代・現代の農村共同体にもつうじる惣村が成立したのは、おおむね室町時代の前半、南北朝騒乱を通じて地侍が定着した時期とされている。惣村は独自の掟を持ち、中世には村民の生殺与奪をにぎった。単なる農村ではなく、武装した半農半武者の集団である。

たとえば、隣村と山の入会権（山の実りや木の伐採権など）、あるいは田の水利権をめぐって紛争になったとき、ただちに若衆頭を先頭に軍事態勢が採られる。中世においてはそのさい、男女の別なく紛争の前線に赴いたという(『骨が語る日本史』鈴木尚)。

いっぽう、隣村との紛争のさなかに、誤って相手方を殺してしまった場合、相手方が下死人(のちに下手人)を求めてくることがある。村は相手方の言い分に道理があり、これいじょう紛争をこじらせたくないと(寄り合いで)判断したとき、紛争の当事者を下死人として差し出している。村は存立のために個人を犠牲にし、個々の家族の上に君臨していたのである。

村同士で同盟関係をむすび、おたがいに権益を保護した。さらには有力な戦国領主や大名権力の傘下に入って安全保障を得るいっぽう、その軍役にしたがった。

惣村の掟で有名なものに「村八分」がある。葬式や出産など、最上位にあたる慶弔いがいは村の営みに参加できない、もしくは村が関知しない期限付きの罰則である。このように、惣村は地縁的・血縁的な結合に拠りながら、飢餓と戦乱の中世を生き延びるために、厳しい掟を村人たちに課したのである。

惣村の形式を継承しているだけに、ヤクザの掟も厳しい。「それは公開しとらんから、写真を撮るのはええけど、出したらいかんよ」と言われたことがある。ヤクザ独自の憲法を、筆者が写真撮影したときの話である。ヤクザには成文化された「憲法」や「綱領」「教訓」などがあるのだ。ヤクザの原理である親子関係や兄弟関係は、成文化されるまでもない。

「憲法」や「綱領」「教訓」には運営費という名の、いわゆる上納金の規定、寄り合いや事始め

（十二月十三日）への参加の義務が明記されている。さらに明記されているのが、麻薬・覚醒剤等の使用および取り引きの禁止である。これが記述されなければならない理由は、組員たちがクスリに陥りがちだからであろう。堅気衆に迷惑をかけるな、他の任侠団体には礼儀を尽くすこと、警察と揉め事を起こさない、等など。これらも起きがちな事柄だからこそ、明記されているのにちがいない。

組織の内部に対してはどうだろう。きびしい掟にもとづいて運営されていた中世・近世の惣村が、その成員に対してはひとしく平等な権利を保障していたのに対して、ヤクザは縦型の擬似家族を本質にしている。たとえば惣村は刀狩（兵農分離）によって武装解除され、村請制度（村単位で年貢をおさめる義務を負う）のもとに置かれたとき、田畑を持ちまわりにすることで村民の公平をはかった。年貢を代納することもあった。

ヤクザは公平ではない。盃や役職の違いはあっても、同じく横並びにひとしいヤクザの組員たちは、親分に対してのみ絶対の忠誠を義務づけられる。かれらが組の運営費を融通しあうことはない。親分子分も組員同士も、破門・絶縁されればそれまでの関係である。縦の関係はまことに理不尽で、情はおどろくほど浅薄である。この違いはどこから来たのだろうか。

前述したとおり、ヤクザの思想は江戸の武士道の大義名分（朱子学）に近く、しかし実際には戦国大名のごとき裏切りに身をそめる。親分の仇討ちに燃えるヤクザと、仁義なき戦いに明け暮れるヤクザ――――。この矛盾した行動様式の理由は、戦う集団の擬似家族性にあるのではないかとわたしは思う。

戦国武将における「寄り親」「寄り子」が、そのままヤクザの擬似家族の実態と考えてまちがいないだろう。ただし、朱子学の君臣の道を擬似親子の倣《なら》いにしながら、じっさいには戦国武将の主従関係、恩給と奉公の関係に陥ってしまう。したがって利害によって、親を裏切る矛盾した関係がヤクザにはある。その意味で武士道の理想は江戸にあり、本質は戦国期にあったというべきであろう。ヤクザを戦国大名に喩えたゆえんである。

たとえば山口組も組織的な危機にさいして、われわれ山口組は家族であると強調する。言いかたには様々あって、はぐれ者たちが身を寄せ合う義理の家族。あるいは任侠道をきわめる侠客として、理想に燃えて一門の扉を叩いた。ある者はまた、男が男に惚れたとも言う。

だが、ヤクザ組織が戦う集団である以上、そして苛酷な刑罰を引き受けなければならない以上、組織の矛盾はいたるところに噴出する。そこに不公平と裏切りが現出し、互いにみずからを利する謀略も生まれるのだ。

暴対法および暴排条例のもとで、山口組は幕藩体制に入ったと言われてきた。法的な規制、裁判の重刑化に強いられた反面、そこには盃外交による平和路線の選択があった。抗争による組織の疲弊、そのいっぽうで戦闘が生み出す裏切りや謀略に嫌気がさした。これもひとつの組織論的な回答だとわたしは思う。

家族制度が国力の源泉なのか?

広域化と巨大化、その組織の戦闘軍団化、あるいは効率のよい経済ヤクザ化、そして法の網でからめ取られる時代。ヤクザ組織の変容は、より小さな組織へと、そして顔の見える関係、家族としての実質がみえるところまで原点回帰するのではないだろうか。かつて、街を仕切る親分は子分と同じ部屋に起居し、清貧に甘んじたものである。

ながい期間《ターム》でみれば、わが国の家族制度の変遷とそれは似ている。惣村に拠って身を守らなければならなかった中世から、戦いを捨てた近世は家の維持に奮闘した時代であった。中世では口減らしのために殺していた赤子が、江戸の平穏な農村では文字どおり子宝となった。労働力の保持のために大家族となり、地縁よりも血縁を第一にした家族構成が繁栄の基礎となった。やがて有力な大家族の中から地主階級がうまれる。

しかるに資本制の近代は、労働の単位を大家族から引き裂き、個的な都市労働者として人びとを農村から剝がした。賃金労働者の発生である、これを資本の原始的蓄積という。農村人口は都市の工業資本のもとに囲い込まれ、労働人口は都市に集積する。わが故郷、北九州市などはその典型であった。石炭（筑豊から若松港）、製鉄（八幡製鉄）、鉄道（門鉄総局）港湾（門司港・小倉港）、労働力の集中と繁華街（小倉・黒崎）の発展、そして五市合併による百万都市。

戦後、すでにわれわれの親の世代から、いわゆる核家族の萌芽は誕生していた。3DKの狭い団地にクルマと三種の神器を購入し、親と別居する自由を得たのである。これら共同体の崩壊は都市生活者にとっては当たり前に映るが、一歩農村や漁村に足を踏み入れてみると、平成の世にも地域と血縁の共同体が存続していた事実を知る。われわれは東日本大震災のさいに、地域社会の紐帯とその崩壊をかいま見た。それは絆《きずな》と表現されたものだ。大都市と地方のおどろくべき断絶がそこにある。

大震災を経たいま、少子高齢化という歴史的な流れに危機感を抱くわれわれは、共同体の復活を切望せざるをえないかのようだ。出生率目標を一・八人にと、政治家はそのように云う。

なるほど国民経済の基礎単位は家庭であり、労働力の再生産は家族および家庭にある。ここでいう労働力の再生産は、労働者の生活および子づくり子育てもふくめた、生命の源泉にかかわることだ。核家族の弊害として子育ての困難が指摘され、現実に育児放棄や虐待として顕在化している。子供が子供を育てているのだから、当然の帰結であろう。離婚による母子家庭化、あるいは父子家庭化はおしなべて子供の貧困をまねいている。貧困が貧困を再生産する、格差社会の到来である。

だからこそ三世代居住への財政的支援策、あるいは三世代の近住が提唱され、子育てを補完する大家族への回帰がまじめに論じられているのである。いっぽうで家族の崩壊は、地域社会（近所付き合い）の崩壊や中間諸組織（町会や子供会、氏子会、神輿会、生協の共同購入班など）の機能停止と相即である。そしてお祭を介した住民の親睦の一端に、ヤクザ組織があったことを消し去ろうとしているのも見のがせない。

それにしても、女性の社会進出のいっぽうで不足する託児施設（待機児童）、社会の超高齢化にともなう介護離職の増大。これら生活支援のサポートシステム、セーフティネットの機能不全を、三世代居住でおぎなうのはなるほど卓見だが、それが現実に可能なのかどうかという問題がある。そもそも崩壊している家族が、ふたたび前世紀の大家族として再建できるだろうか。大家族そのものが若者の自立を阻害する、ないしは自立の踏み台となってきた歴史過程を知れば、まるで現実性が感じられない。

そして最も深刻なのは若い世代の晩婚化だが、これは単に世代的なモラトリアムが作用しているわけではない。いまや恋愛そのものを、若い世代が忌避しているというのだ。たしかに共同体は崩壊し、若い世代もまた個人的な生活にひたっているかにみえるが、現実はそうではない。理由は意外なところにあった。

拘束的だが体温の感じられる、旧世代のフレンドシップに代わって、若い世代が新たな紐帯にしているSNS（ソーシャルネットワーク）、たとえばLINE《ライン》によって、意外なことに彼らは開放的であるがゆえに閉鎖的に拘束されているのだ。深刻なイジメもじつはLINEから発生している。

生身の友人関係から得られる自分とは異質な個性との出会い、あるいは人格的な啓発によるフレンドシップではなく、細分化された趣味の一致によってフォーラムが形成された場合、それは閉鎖的で固定的かつ拘束的なものになりはしないだろうか。SNSやLINEのなかで丸裸にされたプライバシーは、過去に付き合った異性や同性、そして複雑な人間関係で拘束的にしばる。がゆえに、恋愛は忌避されるのだ。

人間は共同体がなければ、いっときも生存できない。あるいは関係性そのものが存在である以上、近代資本制のもとにアトム化された諸個人も、かならず別のかたちの共同体、協同性につらなるはずだ。しかるに、家族の崩壊とともに地域が崩壊し、ゆいいつの手がかりである電脳的なつながりは、最悪のかたちで若者たちを拘束しているのだ。ある意味で、これは新世紀の病理ではないだろうか。

その代案をわれわれは、いまのところ見出せないでいる。社会的に追放されようとしているヤクザという擬似家族の組織形態こそが、残されたリアルな共同体なのかもしれないと思うゆえんである。いまや共同体の崩壊にさいして、手がかりがあるとすれば共同性の文化をおいてないのにもかかわらず、その正体はおぼろげだ。

山口組幕藩体制とは何だったのか?

そこで家族の問題から、ヤクザ組織の問題へともういちどたち返ってみよう。

衆智を集めるための寄り合いも、六代目山口組においては上意下達の事務連絡の場になって久しかったという。のみならず、破門や絶縁、除籍があいつぐ山口組において、もはや寄り合いの持つ積極的な意味合いは薄かった。いわば、親分を求心力とした横並びの活力、あるいは西欧風にいえば円卓を意味する唐傘連判状の一味神水《いちみしんすい》、一揆盟約《いっきめいやく》の共同体はうしなわれている。その先にあるのは、堅牢だが闊達さのない官僚統制であろう。

かつて、六代目山口組は幕藩体制だと言われてきた。よく思いついた比喩だと思うが、わたしはこれを五代目の組織拡大路線と六代目の組織統制・縮小路線のふたつを貫いた性格だと思う。そして、両者は前者の拡大路線のゆえに生まれた内部矛盾を、後者が縮小路線で解決せざるを得ない、ひとつの矛盾の運動としてとらえるべきだと考える。

まず、語源となった徳川幕藩体制を俯瞰してゆこう。徳川幕府の政治的特長は、朝廷をはじめとする公家社会を法度のなかに封じ込め、いわば形式のなかに押し込めたことにある。のみならず、守護・郡司・地頭という、古代・鎌倉・室町いらいの朝廷の任免権とリンクした役職、分業を排して全権を掌握した。

たとえば鎌倉時代の守護は警察権のみの存在であり、地頭は本所（公家や寺社）から徴税権を分担していた。古代いらいの郡司がそのまま、室町時代においても国家機能の末端でありながら、守護代がそれを任命することで戦国大名の徴税機関となっていた。それらは名目だけのものだったが、それを統轄する大名に室町将軍の支配はとどかない。戦国末期には一国を支配する戦国大名の手で、家法や分国法がさかんにつくられたのは、中央集権的な国家構造が成り立っていない証左である。

徳川幕府は朝廷・公家社会を形式的なものとして相対化し、つぎに大名を直接的に支配する官僚機構の完成をもって、本格的な武家社会をもたらした。徳川幕府の武家官僚支配にくらべれば、鎌倉幕府は地方政府と警察機構を代表するものにすぎず、室町幕府は公家社会をその内部に取り込みつつも、有力武士の連合政権にすぎなかった。

徳川幕府の専制的な官僚組織としての性格は、秀忠時代の諸大名改易にあらわれている。家康が駿府に隠居した慶長十二年（一六〇七）から慶安初年（一六四八）までの四十一年間に、お家騒動や武家諸法度にふれて処罰された大名は六十四家におよぶ。福島正則や加藤忠広（清正の子）などの外様大名が大半だが、譜代でも本多正純、大久保忠隣など老中クラスが改易され、親藩の改易も松平忠直（将軍家弟）、徳川忠長（将軍家子息）と例外ではない。

さらに無嗣廃絶、つまり後継者がいない理由で取り潰される大名も、関ヶ原後の慶長七年（一六〇二）から慶安三年（一六五〇）の四十八年間で、じつに五十六家におよんでいる。処罰改易と無嗣廃絶の石高を合わせると、その石高は一千万石である。これは当時の総石高三千万石の三分の一である。これだけでも苛酷な専制支配だが、そのいっぽうで徳川家は、婚姻や養子縁組による諸大名の縁戚化をはかった。しかもその縁戚化は、賜姓という形式をともなう同族化だった。したがって、今日読める諸大名の書簡は、その大半が「松平」姓なのである。

もともと松平姓は徳川家の本姓であり、御三家・御三卿（十家）以外の徳川庶流十九家が名乗っていた。ほかにも三河いらいの松平二十八家、譜代で松平姓を下賜された大名家（七家）が名乗りをゆるされていた。ところが幕府は外様大名にも松平を名乗らせた。土佐山内家の二代・忠義は、松平忠義。佐賀藩の二代・鍋島光茂も、松平光茂。薩摩の島津も、奥州の伊達、越前の前田、筑前の黒田も、松平姓なのだ。

こうした賜姓による統制は、秀吉が諸大名を臣下におさめるために使った手法である。秀吉の場合は弟・秀長の逝去や甥・秀次派の粛清による一門の疲弊に心細さを感じ、なんとか有力大名を豊臣体制に取り込もうとする必死の策だが、徳川の松平賜姓には傲慢さが見てとれる。

かくして、秀忠時代から家光時代にかけて、諸大名は改易の恐怖におののきながら、徳川の縁戚になることを進んで受け容れ、松平姓を賜り公文書で松平を名乗ることをがえんじた。ちょっとたとえは違うが、オーナー会社の社長から「君たち、仕事で使う文書はすべて、ボクの息子・娘としての名前を使うように。いいね」とわけが判らないことを言われたようなものだ。

山口組の場合はすこし事情はちがっているが、基本的にヤクザは縁戚化が外交の常道である。そして五代目の拡大路線と六代目の縮小路線とのあいだに、時代の気分や潮目の変化、そしてヤクザをめぐる市民社会と警察官僚機構の決定的な質的変化があった。

五代目山口組が組員一万五千人・直参六十人体制で出発し、二十年後にはほぼ倍の三万人、直参百二十人に膨れ上がったのは、じつは暴対法の施行が背景にあった。暴対法はそれまでのヤクザのシノギを一変させたことで、ぎゃくに山口組の伸張を促進させたのだ。

つまりこういうことだ。交渉にさいして暴力団の名刺を見せてはいけない、相手を畏怖させてはいけない、民事暴力には禁止命令が出せる。これら暴対法の規制で従来のシノギができなくなったヤクザは、より大きな看板である山口組の傘下に入ることで、ゼネコンからの土木・建設事業への参入、他組織との抗争の回避、したがって看板とバッチによる街の治安維持なども、従来どおり維持したのである。

山菱の代紋を持つことで、地域的な揉め事や抗争を回避できる。あるいは、長らく反目し合ってきた複数の組が、抗争の時代から平和共存の時代に移行するとき、連合組織となって山口組の傘下に入る。地方でよく見られた光景である。

だが、山口組の全国支配・平和外交路線のもとでのヤクザの安眠とでもいうべき季節は、暴排条例の施行によってイッキに冬の時代へと変化した。

追い込まれるヤクザ——シノギの狭隘化《きょうあいか》

暴力団排除条例は暴対法の地平をイッキに飛び越え、ヤクザに市民権なしの流れをつくり出した。ヤクザを取り締まるのではない。ヤクザと関係をもつ国民を、その取り締まり対象にしているのだ。

かつての「過激派学生に人権なし」に見られる、法的な手続きも超法規的な立法すらも、大手を振ってまかり通る。日本というきわめて親和性の高い社会が、いったん異物と決めたものを排撃する、ここにファナティックな勢いを感じないわけにはいかない。

そして共同体的な思考、空気を読む日本人の行動様式は暴力団排斥という流れをつくったが最後、その激流は深淵まで舐めつくす。そこで新しい造語ができた。市民生活をおびやかす反社会的な勢力、すなわち暴力団を市民社会的に馴染ませた絶妙の用語「反社会的勢力」である。

シノギの狭隘化、銀行口座の凍結と身分隠しへの詐欺罪適用、銭湯やゴルフ場など公共の場からの排除、事務所の使用禁止命令、等など。こうしてシノギや生活の場を奪われたヤクザが生存のために、狭隘化した縄張りを争う。したがって、飽和状態になったヤクザ同士がお互いの排除をもとめる。そこに、高度に官僚化した上部団体およびその執行部が統制権をもって介入し、いわゆる統制・処分・粛清がはじまるのであった。

そこでは、あらゆる事由が処分の口実となる。過去に覚醒剤事件に関わった、執行部を批判した、あるいは統制違反の罪状をあげつらわれて……。そこにあるのは、有限化した縄張りに対する、適正なヤクザ組織の温存であり、必要いじょうの組織の排除である。

かくして、寄り合いでは喧嘩をするなという統制が強まり、他団体とのもっぱら握手と名刺交換の平和外交。そして組織的としか思えない、過去の事件でのチンコロ（密告）である。

種の保存が一定の数量を基準に、動植物において行なわれることをわれわれは知っている。一定の縄張りで、一定の数量の動植物しか生存できない。あるいは生誕時に淘汰される例を、猛禽類の一部にわれわれは知っている。そしてたとえば、政策的な農業の場合ですら、専業農家の適正規模と適正戸数が農産物の自由化の観点から計画される。

六代目山口組が適正数維持のために、統制処分をもっぱらとしてきたのかどうかは断じがたいが、現実はそのように進んできた。その先にあるのが衰退的な生存なのか、それとも完全な滅亡はあるのだろうか。

第四部
〝お上〟の逆襲
暴対法・暴排条例下
――暴発寸前 沈殿、鬱屈する暴力団

組長たちの苦悩

フランシス・コッポラ監督、アル・パチーノ主演の「ゴッドファーザー」三部作は、マフィアのファミリーを率いるマイケル・コルレオーネがファミリーの合法化に苦慮するところがテーマとなっている。

日本のヤクザの親分が悩むのも、マイケルと同じく自分のプライベートな家族を、擬似家族であるヤクザ一門からフェイドアウトさせることであろう。工藤會の総帥・溝下秀男は暴力団新法が取りざたされる時期に、本妻と離婚して娘たちとその配偶者を工藤會および溝下家から分離している。暴対法の施行で予想される、家族への弾圧を回避するためである。じっさいに、警察は溝下の末娘のランドセルにまで手を入れて、嫌がらせをしたという。娘たちは自分とは別の人生を歩むべきという、溝下ならではの配慮があったのは言うまでもない。

五代目山口組の若頭補佐・桑田兼吉《かねよし》の子息は、商社マンとして活躍するかたわら父親への長期拘留に抗議して、マスコミにその姿をさらした。子分の拳銃の不法所持が親分の使用者責任として問われた、民法を曲解した事件への批判であった。これなどは、たとえヤクザでも親は親だという、親孝行を体現した出来事として刻印されるべきであろう。

これら実の親子の関係とおなじく、ヤクザは擬似親子関係、義兄弟で成り立ってきたが、その家族関係に危機が生じている。六代目山口組の事実上の分裂による、神戸山口組の誕生である。さまざまに六代目体制への批判があるにせよ、任侠界の常識は盃を受けた以上はたもとを分かつことは許されない。その意味では、四代目の跡目をめぐって争われた一和会の分裂とはちがう、逆盃という禁断の行為である。

しかしながらそのいっぽうで、運営費の独占や弘道会が人事を独占するなど、六代目に親分としての振る舞いを疑われる部分も存在し、今回のように分裂騒動を起こされる事じたいが問題なのだとする向きもある。五代目時代には見られなかった、直系組長たちの不満の鬱積が原因なのである。

溝下秀男の言うところを聞こう。「盃だけ押しつけといて、内容的には親分に直接ものを言ってはいけないとか、それじゃいかんのですよ。巨大組織になった場合には、そういうことになってしまう」（『任侠事始め』太田出版）。

たとえ義理でも擬似でも家族であれば、親は子の心まで知ろうとしなければならない。ましてや顔も知らない、意見も言えないのでは組織は運営できないというわけである。ということは、山口組の分裂の真の原因は、組織の巨大化そのものだったということになる。

暴対法・暴排条例の画期性

二〇〇九年の佐賀県議会を先駆けに、二〇一一年に沖縄県と東京都を最後に可決された暴力団排除条例は、施工後おおむね五年が経った。法の隙間をかいくぐる暴力団を経済的立脚点から締め上げてゆくという意味で、この条例は画期的なものだった。

暴対法による禁止命令は暴力団の外形的な違法活動（強喝や地上げなど）を制約したが、それでもなお彼らの経済活動を規制するものではなかった。「禁止命令が出たら、それをしなければいいだけの話。従来法の拡大解釈よりはマシかもしれんし、わかりやすい」（独立系組織の幹部）などと割り切ることで、警察のガイドラインが示されるのに従えばよかったのだ。

暴対法が施行された九二年から二〇〇〇年代にかけて、思ったほど暴力団構成員は減少しなかったとされる。経済活動に行き詰まった組織が山口組の傘下に入ることで、組織が再編成されただけだった。そのかん、五代目山口組は「ヤクザの二人に一人は山菱の代紋」と言われるほど組織を伸張させた。

これに対して暴排条例は暴力団そのものではなく、暴力団と経済関係をむすぶ人びとにターゲットを向けた。ヤクザと付き合う一般人、暴力団とビジネスをともにする企業・諸個人に法の網をかけたのである。利益供与の禁止勧告、密接交際への警鐘という形で、暴力団を孤立させようとしたものにほかならない。

もっとも典型的な例が、島田紳介に対する極心連合会・橋本弘文会長との交際の暴露、および吉本興業に強いた紳介断罪（引退）であろう。紳介以上にマル暴と付き合いのあったとされる大物タレントは週刊誌に手記を書いて、かろうじて逃げ切っている。暴排条例が猛威を振るうなか、高倉健や菅原文太といったヤクザ路線をささえてきた往年の名優たちが世を去ったのは、時代の大きな変化を感じさせるものだった。

なるほど、よく考えられた条例である。一般市民・民間人をターゲットに、ヤクザ（反社会的勢力）とは付き合うな、利益供与をすれば会社名と個人名を公表する。この条例に触れれば、あなたは暴力団と同罪である。これで萎縮しない企業があろうはずはない。個人的な付き合いは秘匿できても、企業コンプライアンスの関係で当局の言いなりになるしかないのである。フロント企業（企業舎弟）に融資していた金融機関は融資をストップ（みずほ銀行がやり玉に挙げられた）。かくして、暴力団の経済的な基盤の大半（フロント企業の経営）は失われたのだ。

いっぽう、夜の街における「みかじめ料」「カスリ」「用心棒代」も、当局の締め付けが徹底された。ただし、この方面ではヤクザが自身で経営している店も多く、暴力団立ち入り禁止のステッカーを貼る効果には、疑わしいものがあると言われている。守り代（用心棒代）が暴力団の資金源というステロタイプな分析は、じつは昭和時代の記憶にすぎないのではないか。後述するが、経済ヤクザの財源が株式投資に転じているからだ。

これら上からの抑えつけと同時に、下からの暴力団追放運動も組織されてきた。その実態は、調べてみると驚くべきものだった。

暴力団追放運動の実態とは

繁華街に近い公園で「暴力団は出て行けーっ!」「この街に暴力団はいらないぞーっ!」と、シュプレヒコールがこだまする。暴力団追放を訴える住民たちの、いわゆる暴追運動の集会・デモである。いかにも統制が取れ、整然としている。首相官邸前の反原発デモや安保法制反対デモとは、いささか趣《おもむき》がちがう。

じつはこの暴追運動は、自立的に発生した住民運動ではないのだ。伝統的な住民自治である町内の自治会、それとほぼ重なる神社の氏子会、崇敬会、神輿会、あるいは商店会は、祭のたびに地元のヤクザが招へいするテキヤを招き入れ、祭のにぎわいが確保されてきた。

つまり住民組織の大半は、ヤクザと密接な関係性をもって共存してきたのである。最近になって、地元商工会議所や青年会議所が旗振り役となって、テキヤ系暴力団を排除する動きは出

使用禁止命令の張り紙が更新されている工藤會会館

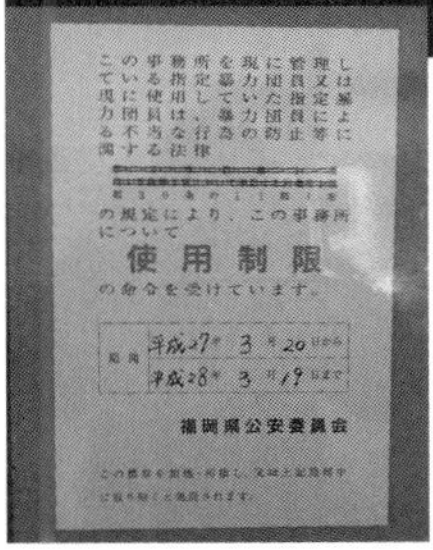

てきているものの、それは祭のにぎわいが低減するのと引き換えの選択にならざるをえない。

それでは、繁華街に近い公園でくり広げられている暴力団追放イベントはどんな性格のもので、いったい誰が参加しているのだろうか。

「警察の身内ですよ」と語るのは、この種のデモが多く報道されてきた北九州の警察事情に詳しいT氏である。

「警察官の場合は役得のうまみを知っていますから、親子代々警察官という家族はめずらしくないんです。これがまず第一列。そして警察出入りの業者ですね、天下り先の企業も。つまり直接的な利害団体が第二列。その他の警察とつながりのある人たちが第三列。さらに、運動に出る補助金目当ての小遣い稼ぎです。純粋に暴力反対で参加している人たちもいますが、補助金が出るのは一般の町会と同じ」

と言うことだ。

なんと、暴追運動には補助金が出るというのである。しかも、自治体が予算を計上する一般的なものではなく、ある業界団体が特殊な構造の中から捻出した資金を、暴力団追放運動に補助金として交付しているのだ。その団体の名称を、社会安全研究財団という。

具体的にこの組織の実体と金の流れを見ていこう。社会安全研究財団とは聞きなれない名称だが、その来歴はこの団体のホームページを開いてみることでわかる。

それによると、この財団は「昭和六十二年七月二十三日に設立され、設立代表者に武内国栄氏（日本遊技機工業組合理事長）を選任し、八月十日に内閣総理大臣より「財団法人日工組調査研究財団設立許可」されたとある。この財団は設立当時「財団法人日工組調査研究財団」といっていた。

「財団法人日工組調査研究財団」も一般的にはあまり馴染みのない名前だが、設立代表者の名前を見ることで概要はすぐに判明した。代表者は日本遊技機工業組合理事長とあり、これはパチンコ台を作っている業界団体のことだ。さらに役員名簿を見てみると学識経験者に交じって、パチンコ台メーカーの代表者が五人も含まれている。つまり、この財団の旧名「財団法人日工組調査研究財団」はパチンコ業界の調査研究財団なのである。

ところが、この団体の設立趣意書を見ると、パチンコ台や経営研究ではないことは一目瞭然だ。

「わが国は、治安水準が高く、安全で安定した社会基盤のもとに、今日の社会的、経済的繁栄を築いてまいりました。

しかし、近年の社会、経済情勢の急激な変化により、従来我が国の治安を支えてきた共通の規範意識や倫理感が希薄化し、また、社会の高齢化、高度情報化、国際化等を繁栄した各種事犯が発生し始めるなど、今後の社会情勢の動向には憂慮すべきものがあると思うのであります。

とりわけ、青少年の非行問題、風俗環境の悪化の問題など市民生活の安全と平穏を確保する上で解決すべき諸問題（以下「安全問題」という）については、かねてから深い関心を持ち、地域における各種の取り組みに参加してきたところでありますが、これらの取り組みを一層効果的に推進するためには、民間においても、安全問題に関する専門的、科学的な調査研究を積極的に推進し、関係機関・団体等に問題提起を行うとともに、広く国民にその成果の普及を図っていく必要があると思うのであります。

このような観点から、財団法人日工組調査研究財団を設立し、安全問題に関する調査、研究と資料の収集等を組織的に行うとともに、これらの事業を行う団体等に対する助成等の事業を行い、もって公共の安全と秩序の維持に寄与しようとするものであります」

とあり、社会の安全を守る活動に重点を置いていることがわかる。実際、平成二年十月二十四日名称を「社会安全研究財団」に変更している。平成三年に季刊誌「社会安全」を創刊しているように、当初は啓蒙活動に重きを置いていたようである。

ところが、平成十七年には「振り込め詐欺」という番組を制作して、ケーブルテレビで放送している。財団では「身近な犯罪防止対策をテーマにケーブルテレビで放映した」とその理由を述べている。本格的な活動に打って出たあたりから、警察の影がチラつくようになる。

そして平成二十二年には「広域安全事業助成」の公募、翌二十三年には「暴力団排除事業助成」の公募を開始し、暴力団排除活動に積極的に参与していく。先に述べた住民デモの台東区でのケースでは、組事務所追放運動に一〇〇万円の助成金を交付したのは、この方針に沿ってのことであった。

ところで、この財団が何を目指して設立されたのかは、その設立趣意書を見ると一層明らかになる。

「財団が設立された昭和六二年、日本の社会では国民を震撼させる多くの治安事象が発生していた。暴力団山口組の分裂に伴う大規模な抗争事件、豊田商事による広域多額詐欺事件、散弾銃を使用した朝日新聞阪神支局記者殺傷事件をはじめ、暴走族の交番襲撃事件、少年による殺人事件も世間の耳目を集めた。――――中略――――こうした時期、警察庁の協力と学会・民間防犯関連団体等の支援を得て、広く市民生活の安全と平穏の確保に貢献していくことを目的に財団が設立された」（社会安全研究財団設立趣意書　同財団ホームページより）。

つまり「暴力団総合対策等の推進について官・民・学の三者が一体となった組織的、有機的な取り組み」を強化するための機関ということになる。

それではここで言う「官」とは何であろうか。それは専務理事の経歴を見れば一目瞭然である。財団の専務理事には代々警察庁のキャリア官僚ＯＢが就任している。財団の理事は無給だが、専務理事は高給が支払われているようだ。つまりあり体に言えば、警察官僚の天下り先のひとつなのである。そしてその金をパチンコ業界に出させているのだ。これが財団の正体である。

パチンコの上がりを掠め取ることで暴力団排除活動をやるということ、同時に警察官僚の天下り先を確保すること、これがこの財団の実態なのではないか。そうしてみると、暴力団追放運動そのものが、広い意味で警察の利権ということになってしまう。

社会安全研究財団の活動実態

この財団は設立時からしばらく、その主なる活動が「学」との連帯、つまり暴力団排除活動における研究活動にあったようだ。具体的には平成十五年に開始した「若手研究助成に加え、一般研究助成の公募」などがそれにあたる。平成十八年から早稲田大学に対して行なった、「犯罪・非行の予防策等に関する長期研究を委託（委託期間は5年）」がその本丸であろう。

この研究活動は「同日付で設立された早稲田大学社会安全政策研究所が行う」とあるが、この早稲田大学社会安全政策研究所そのものが財団の助成金で運用されているのだ。別の言い方をすれば、パチンコの上がりで運営されていたのである。注目すべきは、財団の理事長を務めている慶応大学教授（当時）の伊藤滋氏がその後早稲田大学の特命教授になっていることだ。どうやらこの早稲田大学の研究機関への助成は、財団の天下り先という位置づけもありそうだ。

平成一九年には「日中組織犯罪共同研究会を財団内に設置」とあるが、その会長には元早稲田大学総長西原春夫氏を起用している。財団は早稲田大学の取り込みに成功したようである。この伊藤滋理事長は建築家の同名人物ではなく、文芸評論家伊藤整の息子である。早慶両校の教授など、まことに肩書きの多い人物で、大相撲の野球賭博問題の処理にも関わっている。二〇〇八年六月に相撲協会外部理事に就任し、二〇一〇年には一連の大相撲野球賭博問題を受けて設置された相撲協会外部による特別調査委員会の座長を務めた。伊藤はたびたびテレビに出演して「琴光喜の処分は当然やるよ。いちばんのクビだよな」「俺は外部（委員）だから、責任を感じなくてもいいんだよ！」などと発言し、委員たちの顰蹙を買ったものだ。

じつは伊藤氏が野球賭博調査委員会に関与したのは、まったくの偶然ではない。この裏には警察官僚の、大相撲と暴力団との関係にメスを入れようという意図が背後にあったとされる。暴力団排除活動の一環であろう。それでは社会安全研究財団になぜ、パチンコ業界が金を出さなければならないのだろうか。

そこにはパチンコ業界をめぐる、警察と暴力団の長い抗争の歴史があった。パチンコの本質は賭博である。刑法一八五条・一八六条は賭博罪を定義しているが、パチンコはその例外とされている。その「例外」とは、パチンコ店の開設と取り締りを警察が行なうと説明されることで「了解」が得られているのだ。これが公営ギャンブルの要件となる。したがって警察の強い規制を受け、警察と深く結びつかざるを得ない。警察の思惑ひとつで首が締まったり、緩んだりする。

ひと昔前まで、警察官はパチンコ店へしょっちゅう出入りしていたものだ。制服で店内をうろつき、店に無言のプレッシャーをかける。生活安全課の警官にかぎらず、警官は非番のときに私服でなじみのパチンコ店へ入り浸った。彼らは店員により出る台に誘導されるのだ。はなはだしい場合には、店員が千両箱に入れた玉を、そっと警官の座る台に置いたりすることもあったという。

警察署の近くの露店が、なぜか無料で警察官たちのすきっ腹を満たすのと同じである。これらは一種の贈収賄だが、みずから「お目こぼし」となる。地方の駐在さんになれば、付け届けで老後の生活費が稼げるという。

ともあれ、パチンコ業界の団体は警察の有力な天下り先である。そのいっぽうで、ヤクザもまたパチンコとは深い関わりを持ってきた。かつては商品の買い取りだったものが、歯ブラシやライターの着火石などを換金用の商品としてシステム化した。パチンコの換金システムを作ったヤクザは店の用心棒になり、パチンコ業態の全体から収益を上げるようになった。この利権をつぶしにまわったのが、もう一方の利権者たる警察だった。だがその利権争奪には、もうひとつの国家的な思惑が絡んでいたのである。

国策だったプリペイドカードの導入

プリペイドカードは、一九九〇年に「当局の指導」という名目で導入を開始された。玉を買うためにわざわざカウンターや自販機に行かなくても、来店時にカードを買えばそのカードの金額が尽きるまで座ったままで遊戯ができるというものである。これは一見すると、客にメリットがあるようだが、同時に客のほとんどはカードを使い切るため、パチンコに使う金額が増えていった。

いっぽうパチンコ業界は、かつて脱税の王国といわれてきた。しかも当時のパチンコ屋は、圧倒的に北朝鮮系の在日コリアンが多かった。その脱税分の多くがかたちを変えて、北朝鮮に送金されていたのだ。プリペイドカード導入の真の意図は、金の出入りを透明化することにあった。これによって脱税を防ぎ、北朝鮮への送金を防げるという、一石二鳥を狙ったものにほかならない。

これを推進したのが警察庁官僚（当時）の平沢勝栄で、彼は「カード導入は国策なのだ」と、その意図を隠すことはなかった。そして平沢の後ろには、かつての上司で自民党の重鎮・後藤田正晴がいたのはいうまでもない。

プリペイドカードの導入は同時に、パチンコ機を製造する業界にもメリットがあった。カードを導入すれば、それに対応した台を導入しなければならない。カードに対応したCR機の大増産となった。こうしてプリペイドカードは官民（パチンコメーカー・カードメーカー）の連携の上に、一気に導入されたのである。警察庁には別の意味でも大きなメリットがあった。プリペイドカード会社が事業拡大したことで、彼らは新たな天下り先を確保したのである。

警察庁はプリペイドカード導入とともに、換金システムも握ろうとした。これは、景品買いをシノギの柱にしていた地元のヤクザにとっては死活問題となった。シノギの主軸を奪われることになるヤクザは、これに必死に抵抗しようとした。換金システムを変えたパチンコ店を、焼き討ちにしようとする者まであらわれたという。

しかし、警察権力は全力を上げてパチンコ店からヤクザを排除した。こうして地域密着型のヤクザの台所は、一気に干あがったのである。これは警察権力による、ヤクザの締めつけの、目に見える例として貫徹された。締めつけられたヤクザの大半は地域密着型の弱小ヤクザで、兵糧を絶たれた彼らは、いきおい広域型ヤクザの傘下に入らなければ生きていけなくなったのである。

けっきょくプリペイドカードの導入は、事業的には中途半端なものに終わるわけだが、暴力団排除という所期の目的を達した。同時に、山口組など広域ヤクザの拡大化の露払いとなったのだ。警察にとって最大の成果は、ホールから製造業界、そして換金システムまでパチンコ業界のほぼすべてを、ヤクザから奪い取ったところにある。そしてこの成果を警察権力は、暴力団排除活動に転用した。それが社会安全研究財団なのである。

暴力追放運動推進センター

暴力団事務所の排除運動では「民・弁・官の三者」が、共同で行なうことが強調されてきた。民とは地域住民、弁は彼らを支援する弁護士、官は警察である。つまり、暴力団事務所の排除をこの三者が一体となって行なうというものだ。そうした活動を支えるものとして、全国暴力追放運動推進センターがある。この全国暴力追放運動推進センター（以下暴追センターと記す）と「設立趣意」にはつぎのように設立の意義を謳っている。

「暴追センターは、平成四年三月一日施行された『暴力団員による不当な行為の防止等に関する法律』（以下「暴対法」）に基づき法的な裏付けを与えられた民間の組織として、国家公安委員会から指定された全国暴追センターと、都道府県公安委員会から指定された各都道府県の暴追センターとして設立されて十五年になる」

暴対法第三十二条の二の規定には、都道府県暴力追放運動推進センターは、暴力団組員による不当な行為の防止、およびこれによる被害の救済に寄与することを目的として、各都道府県に一つずつ指定された公益法人をつくることが明記されている。

全国津々浦々の自治体において行政と地域住民が一体となり、暴力追放運動を推進するための核、それが暴追センターの位置づけである。したがってその歩みは、暴対法と歩みを一つにしてきた。

そしてその設立の目的は「設立趣意」に明白である。

「この間、暴追センターは、暴力団等の排除促進を図ることはもとより、暴力団員の不当な行為や要求等の相談を受け入れ、相談者本位のサービスを提供するなど『駆け込み寺』としての機能を発揮してきた。

警察の強力な取締りと並行して、地域・業界等における暴力団排除組織が次々と結成され、官民一体となった暴力団排除の仕組みづくりが進んでいる。暴追センターはそれら暴力団排除活動を進める上で中心的役割を担っている」とある。

この組織の核心はこの文章のなかにある「駆け込み寺」（語のほんらいの意味は、縁切り寺）ということに尽きるだろう。つまり、暴対法制定当時は、地域住民が暴力団排除活動に参加すると、当該暴力団から脅しや妨害、そして甚だしい場合は身辺に危害をおよぼされる可能性があった。

実際にこれまで、暴力団に脅され腰砕けになった住民運動は少なくない。住民運動の中心メンバーが刺されたり、銃撃されたり、家族が脅されたりする事例が後を絶たなかった。そこで暴追センターがバックアップして警察を動かし、住民を暴力団から守ることになったのである。

そして弁護士が積極的に関わることで、暴力団の民事介入暴力に対し法律的にもささえていこうというものだ。

この暴追センターに積極的に関与した民事介入暴力対策委員会の委員長・北川恒久弁護士は、特別寄稿「全国センターだより33号」のなかでつぎのように述べている。

「一般的に市民の方々が民事の紛争に直面した場合、そもそもどこに相談したらよいのか、どのように解決したらよいのか、多くの場合思い悩むのが現状です。ましてや、民暴事案に遭遇した人は、ヘビににらまれたカエル同様の状態に陥り、正常な判断能力が欠如する場合が多々あります。

『暴力団をおそれない』『毅然たる対応』と言うのは民暴対策の基本的な鉄則であります。しかしながら、一般の市民の方々にこのことを望むのは、時には困難な場合もあります。

民暴事案に遭遇している被害者が、相談窓口にたどりつくというのは、思い悩んだあげくであるということを、まず認識しなければなりません。

その場合、単なる相談窓口のみの駆込み寺という機能のみでは不十分と思われます。もちろん、相談のみで解決できる事案も全くないとはいえません。

しかしながら、多くの民暴事案は刑事的処理ないし民事的処理をふまえ、その事案の終局的な解決があってはじめて、被害者の方は民暴事案から開放されるものと思料いたします。したがって、相談から解決までのプロセスが用意されている駆込み寺でなければなりません。これがまさに、警察・暴追センター・弁護士の連携強化の出発点です」

「まず、暴追センターが『駆込み寺』となり、警察及び弁護士がその両翼となる体制が確立されなければなりません。

暴追センターが事案を刑事的処理と民事的処理に振り分け、すばやく関係機関と連携することが、解決に向けての出発点であります」

この北川弁護士の文章のなかに、暴追センターと弁護士の関係が明示されている。そうであるがゆえに、暴対法施行とほぼ同時に都道府県にもれなく設置されたのであった。こうして見ると暴追センターは、文字通り暴力追放運動の中心に位置していることがわかる。

暴追センターは「警察との緊密な連絡を軸に民暴弁護士をはじめ関係機関・市民等との効果的な連携のなかで、その諸事業が活かされているところである。今後、更に戦略的なネットワークを図ることによって、暴追センターの有する機能が最大限に活かされる新たな暴力団排除・支援活動等の展開が期待される」と自画自賛している。まことに頼もしいかぎりだが、警察の思惑がどうにもつよすぎる感がある。

警察のデータベースを活用する？

暴力団相手の訴訟には、当然のことながら費用がかかる。暴追センターはその面倒も見ている。訴訟費用の貸付がそれである。暴追センターは地域住民の暴力団排除活動に対し訴訟費用等の経済的負担を支援するため、すべての暴追センターにおいて訴訟支援貸付金制度を行なっているのだ。それだけではない。これを補完しているのが、前述した社会安全研究財団の補助金なのだ。

同時に、暴追センター運動に参加した地域住民の精神的負担を軽減するためとして、同センターが地域住民に代わって被害回復等のための訴訟を提起している場合もある。さらに、暴追センターが暴力団被害者から債権譲渡や業務委託をうけて訴訟を提起して勝訴した場合、競売に付された暴力団が所有していた建物などについて、暴追センターが事業基金の活用等によって組事務所付近住民や債権者等に代わって落札、転売することもあるという。これを見れば暴追センターが「司令塔」を果たしているのは明らかだ。

暴追センターは、設立後しばらく啓蒙活動をその活動の中心に置いていた。しかし、暴対法の効果が芳しくない状況になると、次第に現場に出ていくようになった。そしてここ数年、暴排条例の全国的設定に重要な役割を果たすようになった。暴排条例の施行によって、その存在感を高めてきたのである。

暴対法はその制定・施行の当初から、暴力団排除を目的とした団体の活動を活性化させることを目的にしていた。それを促進するものとして暴追センターが設立され、暴排条例が全国の都道府県で施行された現在、暴力団に関係する情報を集約したデーターベースの構築が必要となった。

具体的には、すでにある警察の「暴力団情報検索システム」の拡充として展開されている。これら警察権力主導の暴力団排除はしかし、暴追センターが集積しデータベース化している情報が、いつ地域住民の〝監視〟に活用されないともかぎらない危険性をはらんでいる。そしてたとえそれがヤクザを対象にしたものであっても、法のもとの平等を掘り崩す違憲立法ではないか。この点について、言論人たちは早い段階から声をあげてきた。

二〇一二年に「表現者たちの声」として、故・辻井喬（堤清二）、田原総一朗、大谷昭宏、高野孟、青木理、宮崎学ら多数の言論人が暴排条例に反対の声明を出している。最近では、東海テレビ製作の映画『ヤクザと憲法』が、二代目東組の二代目清勇会会長・川口和秀を取材対象に、ドキュメンタリーとして封切されたことも付記しておこう。ヤクザにもひとしく人権があり、法のもとの平等にもとる条例であるという主張だ。

しかしながら、前述の言論人たちの声が、国民的な運動になることはなかった。暴力団追放運動がかまびすしいなかで、単に市民たちが悪法批判に躊躇したからではない。批判者たちがその先に、社会のあり方を明確に呈示しなかったからではないだろうか。あるいは密接交際者である人物が警察を批判したところで、批判のための批判だとの謗《そし》りはまぬがれなかった。さらにいえば、暴力団排除の「空気」は、わが国民性に根ざした、もの言えば唇さむしの風情を感じさせる。

むしろ積極的に明らかにしておくべきことは、暴対法と暴排条例が何度もくり返されてきた暴力団壊滅の頂上作戦の再版であり、これまでの作戦がけっして成功しなかった事実であろう。そしてもっと明白なのは、ヤクザ（暴力団組織）そのものが、時代の変化とともに一定の変容をはじめていることだ。これを命題に、さらに暴対法下の社会に分け入ってみよう。

排除型の社会に、われわれが自覚的である意味

ここまでわれわれは、警察庁および警察官僚ＯＢの独自権益の拡大として、暴力団追放運動が展開されてきたことを解明してきた。その目的のひとつはパチンコ利権（天下り先の確保・換金利権）であり、プリペイドカードの導入による徴税効果、そして総連を通じた北朝鮮への資金

の流出を阻止することだった。

このほかにも、暴力団を集票システムにしている政治家への牽制、暴力団と癒着している地方警察組織の改革が、これまでにもさまざまに指摘されてきた。しかしながら、そのような目的はいっさい検証されることなく、暴力団（ヤクザ）排除の「空気」がこの国を支配している。結社の自由、職業選択の自由という憲法をないがしろにして、いや近代社会の基本的人権を剥奪してまで進む「空気」こそが、暴排条例の本質である。

その「空気」には、誰も逆らうことができない。おそらく筆者もそのひとりであろう。なぜならば、みずからを任侠団体であると主張するヤクザ組織が「暴力団」「反社会的勢力」である以上、犯罪者集団を排除するのが現代の社会的摂理であるからだ。暴力団を擁護する者は、そのまま同調者として排除される。これが排除型の社会である。

イギリスの社会学者ジョック・ヤングは『排除型社会』（洛北社）において、排除が三つの次元で進行するとしている。

① 労働市場からの経済的排除

② 市民社会の人々の間で起こっている社会的排除

③ 防犯・安全対策の名のもとに進められる犯罪予防における排除活動

そしてヤングは、社会学における後期近代（現代社会）が七〇年代までの安定的な「包摂型社会」から、変動と分断を推し進める「排除型社会」へ移行したと捉える。そこでは犯罪者や犯罪予備軍を、あらかじめ排除・隔離する方法が採用される。

さらには、シングルマザーやアンダークラス、黒人や放浪する若者、麻薬常習者などのコミュニティで弱い立場にある人々が針で突っつきまわされ、非難をあびせられる。あるいは悪魔のように忌み嫌われるようになったと、ヤングはアメリカ社会の変貌を指摘する。

さらにヤングは犯罪対策のゼロ・トレランス（厳罰主義）が新自由主義の経済政策と結びつくことで、犯罪対処の産業化が進んでいることを批判し、この解決のためには犯罪を生む社会そのものを改善しなければならないとする。

まさに、日本において進行する暴力団排除は、ヤングが言う「防犯・安全対策の名の下に進められる犯罪予防における排除活動」にほかならない。くり返すが、この排除活動には誰も逆らえない「空気」がある。イザヤ・ベンダサン（山本七平）が指摘した、日本人社会に特有の「空気」である。誰も逆らえないというフレーズにぶ厚い手応えを感じながら、しかし恐怖をおぼえるのは私ひとりではないだろう。

さしあたり、この排除は政府官庁や自治体などの公的機関から始まり、マスコミや出版界などの公共性をもつ組織が仲介する。そしてゴルフ場などの遊技場、通信・郵便のサービス機関、金融機関、住宅賃貸、学校など、社会の末端にまでおよぶ。事実、そのような検挙が現在もつづき、悪意の詐欺罪以外は大半が不起訴や起訴猶予で決着している。その争点はおおむね犯意（詐欺の意図）の存否だが、身分差別であるという主張もなされた。

組織を辞めれば排除の対象にならないのだから、それは身分差別ではないと裁判所の司法判断は説く。しかし「暴力団組員」であると申告しなければ、あらゆるサービス供与が「詐欺罪」に当たるのだ。暴力団員であると申告したからといって、サービスが供与されるわけでもない。

さらには、五年間にさかのぼって、その帰属性が排除の対象になるとしたら、やはり実質的な身分差別であろう。元暴力団組員というレッテルは一生つきまとい、就職は困難をきわめる。暴力団組員であった過去を司法当局が問題にするがゆえに、社会から排除・差別されるのだから――。

だが、そんな実質的な暴排条例批判も、すべてを一般化する司法の論理には通用しないだろう。誰もが逆らえない「空気」が厳然として存在するからだ。そもそも日本社会は「空気」および、それを「読む」親和的かつ排除的な共同幻想で成り立っているのだ。

もはやこれ以上暴力団排除条例の差別・排外主義的な本質を述べても意味はない。じっさいに、その排除が「暴力団の壊滅」につながるのかどうか、そこが問題であろう。ぎゃくに問題を立ててみよう。基本的人権・生活権を侵害してなお、暴力団という排除されるべき存在が微動だにしないのであれば、それは民間暴力をこの社会が必要としている証左にほかならないかもしれないのだ。

いや、そうではない。そこにあるのは「暴力団」ではなく、任侠道を紐帯とする擬似家族であろう。すなわち暴力団は排除できても、ヤクザ文化そのものは不滅だということになる。その文化を解体しないかぎり、暴力団壊滅は空語にすぎないのだ。

警察に牙を剥いた組織

それにしても、危険指定暴力団とされる五代目工藤會、そして重点ターゲットとなっている弘道会（六代目山口組の中枢組織）は、警察に対して非妥協的な態度を崩さない。県警はもとより、警察庁およびその実働部隊である警視庁に対しても、いっさいの捜査協力を拒否してきた。組員たちが警察官と口を利くことすら禁止しているのだ。

工藤會は県警のなかに協力者網をつくり、捜査情報を漏洩させてきた。ために警察庁は、警視庁捜査員を北九州に派遣しなければならなかった。工藤會が保有する武器は、手榴弾をはじめ野戦用の重火器などが捜査で明らかになっている。いっぽうの弘道会も、十仁会と呼ばれる特殊な地下組織を持ち、警察車両の割り出しなどの諜報活動を行なっているという。このような組織が「われわれは任侠組織である」「任侠道の親睦組織でございい」と言っても通用するはずがない。問題なのは、警察力で壊滅できるのかということになる。

警察権力に真っ向から挑戦した組織（勢力）には、じつは具体的な前例がある。その組織は複数存在しているうえに、警察との対決をみずから目的としてきた。警察の指揮者である政治権力、すなわち時の政権を打倒し、権力を取って代わる組織といえばほかでもない。左翼過激派（新左翼）がそれである。

新左翼運動の過激化は六〇年安保闘争を嚆矢とするが、六〇年代後半の全共闘運動・七〇年安保沖縄闘争と、その武器質と戦闘性は先鋭化していく。この時期に警察官（機動隊員）および過激派学生がじっさいに死者を出し、社会は騒乱の渦に巻き込まれた。騒乱罪と破防法（個人適用）も行使された。そして過激派壊滅作戦が発動されたのである。

しかし、三派全学連（社学同・中核派・解放派など）をはじめとする過激派の学生運動は、内ゲバで勢力を削がれることはあっても、警察と司法の力で封じ込めることはできなかった。「過激派に人権なし」「極左暴力集団」と呼ばれ、アパートローラー作戦（下宿やアジトの摘発）なども行なわれたが、弾圧で壊滅することはなかった。

新左翼運動が社会的に牙を剝き、政府・国家権力と本格的に対峙した典型的な例を挙げよう。

現成田空港の開港の頃のことだ。一九七八年三月二十六日、空港反対同盟を支援する学生・労働者たちは開港前日の成田空港に突入し、空港の中枢機能である管制塔を占拠・破壊した。三万五千といわれる警察機動隊の総力を結集して警備していたにもかかわらず、成田空港の開港は「実力阻止」されたのだった。

このとき反対派学生として逮捕されたわたしの友人は、千葉拘置所で面会した父親から「これで、政府は本気で反対派をつぶしてくる。早く捜査に協力して出られるようにしなさい」と言われたという。さらに父親は検事から言いふくめられた「分離裁判」を勧めた。

罪名から一年で保釈になると見込んでいた友人が「一年で出られるから心配ない」と返すと、「お前、国が本気でやろうとしているんだぞ、逆らえるはずがないだろう。すぐに反対派は壊滅させられる。一生出て来られなくなるぞ」と父親は気色ばんだという。父親と同世代の検事は「もう国が決めたんだ。君たちの反対運動はこれで終わりだ。わかったら事件のすべてを自白しなさい」と言い放ったという（一年後に保釈となり、反対同盟幹部が相被告だったこともあり、三年後の判決は執行猶予付きだった）。

「そういうのが、昭和ひと桁生まれのメンタリティだったのだ」と友人は語る。戦間期に生まれ、昭和の激流を生きてきた世代の国家観、国が本気になれば焦土になるまで戦争をやる。あるいはいったん国家目標を定めれば、世界を凌駕するほどの経済大国に復興した時代を体験したがゆえに、国家の威力を信じてやまない。そんな意味であろうか――。

ともあれ、国策と全面対決した空港反対運動は、早晩つぶされるものと誰もが思ったに違いない。火炎瓶や大型パチンコから発射される鉄筋弾が飛び交い、ゲリラが機動隊の詰所を襲うなどの内戦状態は、すぐにも沈静化されるはずだった。

当時の福田赳夫内閣は、開港延期で日本の国際的信用が地に落ちたと、空港問題の解決のために新法を策定した。空港反対派の団結小屋の使用を禁じることができる成田治安立法である。自民党議員団は開港が延期になった現地を視察し、反対派の要塞を前に機動隊員たちを激励したあとに「空港反対のゲリラには機関銃で対抗しろ」（中曽根康弘）などと語ったとされている。

ところが、五月になった延期開港にさいしても、戒厳状態のなかで反対派の実力行動がくり返された。成田罪とも言われた現地検問での所持物検査は女子学生が下着姿にされるほどで、まったく国家権力の統制下にあったはずだが、空港はふたたび火炎瓶と装甲ダンプカーの突入におびやかされたのだった。その後も、新空港建設は茨の道だった。

二本目の滑走路を二〇〇〇年までに概成するはずだったものが大幅にずれ込み、ついには反対派との対話で解決する案が浮上しては拒否された。そして最終的に政府が反対派農民に謝罪するかたちで、空港問題は一応の決着をみたのだった。空港問題解決のための円卓会議がひらかれ、ここでは政府の一方的な強権発動が断罪された。

ときの政府が決めれば大勢は決まり、そして国会がそれに賛同すれば何ごともすみやかに解決する。そんなお上《かみ》万能の神話は、現在の沖縄・辺野古移設問題をみれば明らかであろう。沖縄県民の反対の意志が強権発動の無力さを物語っている。警察庁が大言壮語する暴力団壊滅作戦も、その意味では国が言ったからといって、実現するわけではないと考えてよいだろう。

工藤會が踏み込んだ煉獄

成田空港反対運動を例に、万能のはずの国家が拳を振りあげても、過激派(新左翼)は壊滅しなかったことをふり返ってみた。

開港阻止決戦(管制塔占拠)のころ、世論調査では空港建設を見直すべきという意見が四分の一という結果であった。それほど成田(三里塚)闘争が国民に理解され、あるいは政府の稚拙な施策(話し合いをせずに着工)に批判的な人々が多かったということなのであろう。それなりに国民の支持があったから、空港反対派への弾圧も超法規的な治安立法をしておきながら、なかなか実行できなかったといえる。

ひるがえって、暴力団(ヤクザ)への超法規的な暴対法および暴排条例も知識人層の批判を浴びたが、国民的な議論が起きたわけではない。議論の以前に、誰もが逆らえない「空気」のなかで、是認されてきたというべきかもしれない。

その「空気」はほかならぬ暴力団（任侠団体）がつくってきたものだ。たとえば工藤會の犯行とされる地元漁協の会長殺し（一九九八年）は、被害者が元山口組の実力者だったから、かならずしも素人殺しとはいえない。元警察の暴対部員だった病院ガードマン殺し（二〇一二年四月）も、警察暴対本部との攻防の延長にあるものだといいうるかもしれない。しかしながら、どのような事情があっても、歯科医（漁協組合長の親族）や無関係の女性看護師を田中組（工藤會主流派）が襲ったのは、素人に対する暴力として厳しく批判されてしかるべきだ。まことに言語道断というしかない。

先代の溝下秀男は、その著書『任侠事始め』（太田出版・宮崎学との対談本）のなかで、こう述べている。

「どげなことがあったっちゃ、地域住民と密着しとったら、何も問題はないと。潰されることはないと。例えばですよ。特別立法で、ワシんところが解散されるとするでしょ。でも、ワシたちは地元やからすぐに固まるんですよ」

「固まる」とは、再結成できるという意味である。これは巨大化した組織（山口組）との比較論で、溝下が小規模な地域的組織の利点を論じたくだりだが、地域の堅気衆との密着こそが組織の力の源泉であると読める。溝下は「われわれは女子供を的《まと》（襲撃のターゲット）にすることは絶対にない」とも語っている。

そのいっぽうで、溝下は「例えば暴力反対とかされたら、ウチはされたことないけど、もしデモとかされたら、写真撮って、報復するですよ。そら、相手が誰でん、されたらしますよ」「あくまで現実に自分たちのテリトリーを犯してこようとするものに対して、ですからね」（前掲書）と語っている。このあたりに、現在の工藤會の迷走の布石があったのかもしれない。「暴力団追放」のデモが行なわれたのは、溝下の死後（二〇〇八年七月以降）であった。

ありし日の溝下秀男（四代目工藤會総裁）

八〇年代後半から暴対法が施行される九〇年代初頭にかけて、福岡県では謎の発砲事件が相次いだ。いまではその大半が工藤會の犯行とされているが、なかには山口組系の組員の便乗であったり、明らかに工藤會ではないと思われる発砲もあったという。これらはもはや藪の中だが、工藤會が捜査撹乱の陽動作戦的な発砲をしたのも事実であろう。

溝下が熱く語った「地元住民との密着」（地域路線）と「相手が誰でん、されたらしますよ」

（報復路線）という果断さは表裏一体でありながら、ゆえに二律背反なのである。
「ワシらヤクザはやっぱり大衆からソッポ向かれたら終わりですけね」という溝下の言葉は、工藤會にはよく咀嚼されなかったようだ。

北九州方式の暗部とは？

以上、見てきたとおり暴力団壊滅作戦のなかで、最先端を走っていると警察官僚が胸を張るのは、くり返すまでもなく警察庁および福岡県警の五代目工藤會壊滅作戦である。工藤會は指定暴力団二十二団体のなかでも、特定危険指定暴力団となっている。

わざわざ警察庁および福岡県警と書いたのは、および腰の県警に警察庁がキャリア組を暴対本部長として送り込むことで、主導的に取り締まり・捜査活動を行なっているからだ。動員されているのは沖縄と北海道をのぞく、ほぼすべての都府県警である。昨年（平成二十七年）には警視庁が単独で家宅捜査をするなど、もてる警察力をすべて動員するところまできた。

ではなぜ、福岡県警が単独で取り締まり・捜査活動に当たれないのだろうか。工藤會の構成員は五百人たらずと、分裂前の山口組の二万人、稲川会、住吉会の四千、五千という人数に比べれば桁違いに少ない。人口が百万を切ったとはいえ、北九州市に住む二千人に一人という人口比である。しかもその三分の一が懲役中もしくは拘留中で、数のうえではじつに極小な勢力ではないか。警察官総数一万人の福岡県警で、なぜ取り締まれないのだろうか。

じつは福岡県警そのものに、警察庁から尻を叩かれなければならない秘密があるのだ。そこには、中央本庁採用のキャリア組と地元採用組の確執、あるいは長いあいだ地元暴力団と相互浸透してしまった県警の体質に問題が隠されている。

平成十二年（二〇〇〇年）に発覚した、博多カジノバー汚職事件がその発端だった。工藤會幹部がオーナーだったカジノバーから、県警の現職警官四人が捜査情報を提供した見返りに、月額百五十万から三百万円の利益供与を受け取っていた贈収賄事件である。内部捜査でほかに八名の警察官が関わっていたとして処分されている。

この事件は警察改革のきっかけとなり、同年に警察刷新会議が発足している。だが、その後も福岡県警の不祥事はあとを絶たず、相次いでキャリア組が派遣されることになった。これはいわば、本庁採用組と地元採用組の対立をはらんだ派閥抗争が、工藤會壊滅作戦の背景にあるということではないだろうか。

事実、警察庁が全国動員体制で捜査活動を開始してからも、工藤會に捜査情報を提供する捜査員が摘発された。警察庁長官が大上段に構えて工藤會の壊滅を号令しても、当の福岡県警には工藤會に内通している警察官がいたのだ。

工藤會は三代目の溝下秀男が二〇〇八年七月に逝去して、従来の武闘路線をさらに過激化したのは事実である。シノギの上で利害関係のある対象から、一般市民にも攻撃の鉾先を向けるようになったとされる。それをうかがわせる事犯も少なくない。しかしながら一般の事件もふくめて、工藤會の仕業と捏造されているものも、どうやらあるようなのだ。

工藤會の幹部がこう語る「何でもかんでも、警察とマスコミはウチ（工藤會）のせいにしよりますけね。ウチが内部で調べても、どこの組の誰がやったかわからんのがようけあるんです。本当にどう調べても、わからんのです。そういうのは、警察がしよるんやないかと思うぐらいです」

じっさいに北九州市では工藤會の犯行ではないかとされながら、犯人を検挙できない事件が山積みになっている。

かつて、左翼過激派の内ゲバやゲリラ闘争で、警察の謀略ではないかと疑われる不可解な事件があったのは事実である。捜査手続きの簡略化のために、あるいはターゲットに狙った組織の壊滅のために、警察が非公然で偽の犯罪をおかす。考えられないことではない。

政治家と工藤會の癒着

前述したとおり、警察庁が暴排条例を地方自治体で軒並みに成立させたのは、警察ＯＢを企業に再就職させる、天下りを容易にする目的があるといわれてきた。より多くの警備予算の獲得という、警察官僚の本能的な欲求もあるだろう。

しかしいまひとつ、警察官僚を本気にさせる「官僚ならでは」の本能的な衝動があるのではないかとわたしは思う。利権や就職先ではない、本来の官僚的な衝動である。すなわち政治家とヤクザ（暴力団）の癒着関係を、警察官僚はゆるさないのである。とくに北九州においては、それは顕著だった。現役の総理大臣と大物政治家、もうひとりは元参議院議員にして東京都知事、さらに参議員議員がもうひとり。じつは工藤會と何らかの関係を持っていたのだ。

福岡市中洲の暴力団追放パレードに参加し、工藤會壊滅のために市民の前でパフォーマンスを演じた安倍晋三総理大臣。その周辺に、工藤會系の選挙協力を受けていた過去があるとされる。新聞記事による事件の概要は、このようなものだ。

山口県下関市で00年、当時官房長官だった安倍首相の自宅や後援会事務所などに火炎瓶が投げ込まれた事件で、非現住建造物等放火未遂などの罪に問われた主犯格の指定暴力団工藤会系組長高野基被告（56）や土地ブローカー小山佐市被告（69）ら3人の論告求刑公判が15日、福岡地裁小倉支部であった。（中略）論告で検察側は、小山被告が99年の下関市長選で安倍氏が支持した候補者を支援した見返りとして、安倍氏の秘書に現金を要求して工面させたと指摘。小山被告はその後も金を要求したが安倍氏に断わられたため、報復として親交のあった高野被告に犯行を依頼した、と主張した。

この裁判は被告側の有罪実刑判決で結審したが、福岡地裁はほぼ完全に、右にあげた検察側論告を認定している。安倍陣営からの工藤會への選挙協力を匂わせる行為（対立候補の週刊誌記事を小山被告に見せた）、そして現金の授受（絵画代金）も確かにあったのだ（「月刊現代」二〇〇六年十二月号「共同通信がもみ消した安倍スキャンダル」魚住昭・青木理）。

みずから公職選挙法違反になる見返り報酬は拒否したものの、一国の総理の秘書が工藤會と親交のある人物に、選挙応援の対価として現金を渡していたのである。安倍総理だけではない。舛添要一東京都知事もまた参議院議員時代に、工藤會の元幹部を地元の後援会の代表にしていた。

この元幹部は長らく工藤會の広報担当をつとめた人物で、実話雑誌では暴力団のスポークスマンとして知られた存在だった。舛添要一とは実家がとなりの幼なじみだったという。工藤會では組員が地方議員になるさいに形式上の破門を行なうから、この人物は元幹部ではなく、工藤會から組織的に送り込まれた可能性が高い。

そしてみずから、ヤクザな川筋気質を誇る某大物政治家である。溝下秀男（当時は最高顧問）が上京するたびに常宿としていたお台場の日航ホテルから電話を入れて「わし、いま出て来ちょるんよ。どうね、つぎの総裁選は出ると？」「また忙しゅうなっとるようやね、身体に気をつけんといかんよ。飲みすぎんようにね」などと言うのを、筆者は溝下を取材する傍らで聴いたことがある。

このような挨拶はよくあるものではないかと思うが、暴対本部に言わせれば暴力団との密接交際ということになるはずだ。この政治家は、工藤會系の元地方議員が地区の後援会長を務めていたという。

もうひとり、自民党の参議院議員候補も、「こんどの選挙、出陣式は総裁んところの会館（工藤會館）でやりましょうか」などと溝下氏にお追従を言って、ぎゃくに叱られていたものだ。議員候補が溝下氏を立てて、そう言ったのではないと思う。思わず追従してしまうそれは、彼が友誼のある相手に親しみをふつうに感じる、ふつうの人間だからであろう。

以上はすべて十年以上も過去の話だが、基本的な構造はいまも変わっていないはずである。政治家にとって、ヤクザは頼りになる集票マシーンである。親分の命令一下、子分たちはあらゆる人脈を動員して集票するのだから。

どれほど尊大な政治家でも、選挙にさいしては謙虚で物腰の低い人間になるものだ。誰とでも親しくなり、ひたすら名刺を配る。出会った人の力を自分のパワーとして吸引する。そしてその日常活動ができなければ、政治家はつとまらない。選挙に勝てないのである。「良い人とだけ付き合っていたのでは、選挙に落ちてしまうんです」と言って閣僚を辞任した、某大物政治家の言葉がじつにリアルだ。

そんな政治家とヤクザの関係、ズブズブの依存構造をしかし、警察官僚たちは許さない。国民経済がいかに低迷しようと、政治が混迷をきわめようと、昔から言い古されてきた名言がある。警察・自衛隊・官僚機構さえしっかりしていれば、日本が滅びることはない、と。飾り物の公安委員会や横柄な政治家に頭を下げながらも、警察官僚は自分たちが国家の屋台骨を支えていると自負する。

たとえばアメリカの初代ＦＢＩ長官フーバーは、四十年間にわたってその情報力（スキャンダルの掌握）をもって大統領たちを支配し続けた。それに比べれば日本の警察官僚は実直な能吏だと思うが、そこにこそ怖さが秘められている。彼らにはフーバーのような悪意がないからだ。したがって、フーバーのように断罪されることもない。

第五部
山口組の行く末
——暴力団をなくせるか？

暴力の時代の終わり

現在、警察官の数は二十八万人といわれている。現場の警察官たちは熱意があればあるほど、人手不足と予算が足りない現実にもどかしさを感じているのかしれない。

しかしながら、この二十八万人体制は昭和の激動期ともいうべき、暴力的な左翼運動・労働争議、あるいは暴力団抗争、行動右翼や総会屋、暴走族、そして現在からみれば圧倒的に多かった凶悪事犯に対するものだった。交通事故も三十年前に比べれば半数近くに減っている（死者数が一万人を前後していた昭和時代から、平成二十七年は四千人前後）。

交通事故の減少は若者がクルマに乗らなくなったからだが、それも社会の活力がうしなわれた証左にほかならない。社会の活力の低下とは、暴力の低減でもある。わたしがもの心ついた時期（昭和三十年代）、北九州市の街は喧嘩騒擾が絶えなかったのを記憶している。門司の駅前にはいつも血が落ちていたし、男たちが怒鳴り合い女たちは悲鳴をあげていた。

オーバーに言っているつもりはない。「ブチくらす」（殴って泣かせるよ）、「ぼてくりこかすぞ、きさん」（君っ、殴り倒しますよ）などが喧嘩の場ではなく、日常的な会話に出てくる地域なのだ。高度成長期の北九州市（一九六四年に五市合併）は急速な人口の沸騰で、街はすさまじい活力に満ちていた。

ところがいまや、四大工業地帯・七大都市に数えられていた同じ北九州市が、百五十万都市の福岡市(博多)に追い抜かれ、かつての活力をうしなってしまった。かつて、街を歩けば不良グループに恐喝され、港湾の沖仲仕や三交代勤務の鉄工労働者たちが鉄火場を囲んだ路地、競輪や競馬、ボートレースにパチンコ、トルコ街に大規模キャバレーなど、あらゆる享楽が集積した街に、その面影はない。大都市でトップクラスの老齢化率が陰をやどし、じっさいに街では年輩の女性しか見ないことが多い。男が少ないということは、高齢化の証明であろう。あれほど活気にあふれて、人々の立ち居ふるまいが棘とげしていた街が、まったく変容してしまった。

北九州だけではない。日本の社会全体が、平穏で親和性のある社会に変わってきているのだ。これまでみてきた、中世の日本人から江戸期の日本人になったかのような、われわれ日本人自身の変容である。なんと心やさしく、秩序ある国民性であろう。道を訊かれれば、自分の用事をおいて道案内する。公共交通機関では順番を守り、乗れば席を譲り合う。

この日本的な親和性はヤクザにおいても同様で、たとえば分裂前の山口組がハロウィンのプレゼントを地域の子どもたちに配る神戸の風景はどうか。あるいは餅つきを主催して、年末年始の仕事にあぶれた労働者たちに餅をふるまうなど、とても「犯罪組織」のすることではない。

いまもメキシコでは、犯罪組織の撲滅を公約にした若い女性政治家が市長に就任まもなく殺害され、その殺害の報酬が一人あたり三百万円だったと伝えられている（二〇一六年一月五日）。かの地では、この十年に百人ちかい政治家が、犯罪組織に殺されたという。まことに驚愕するばかりだ。あるいは中東イスラム世界の惨状と比して、日本のなんと平穏なことか――。

アジアからわが国をおとずれる旅行者たちは、一様に日本人の「素養の高さ」を絶賛する。日本政府の歴史観に批判的な中・韓の人々も、日本社会の安定性・清潔さ・日本人のフレンドリーで親切な態度に心が洗われるという（レコード・チャイナ・サイト）。もはや警察二十八万人が三分の二でも、あるいは半減しても日本の治安はゆるぎないと、わたしは思う。

変容したのは、学校教育においても同じだ。わたしの世代（昭和三十年代生まれ）では、学校での体罰はふつうのことだった。授業中の態度を叱責する体罰、部活での「気合い入れ」は必ずしも罰ではなく、試合を前にした報償とすら考えられていた。たとえばウェイトリフティングの試技の前に、顧問の教諭が両手でビンタをして生徒に気合いを入れる。思わず涙が出そうになる痛さだったらしいが、ここいちばんの集中力は増したという。

バレーボールの試合中の拳骨はさすがに嫌だったが、不思議なことにミスが少なくなったものだ。ラグビーで脳震盪を起こした頭に冷水をかけて覚醒させる行為は「魔法のヤカンの水」と賞賛されたものだ。いまやこれらの行為は、絶対にあってはならない体罰・過誤であり、刑事犯罪もしくは教育委員会による懲戒の対象となる。

なるほど、かつては戦時教育をうけた戦中派の熱血教師があたりまえのように行なっていたものが、生徒の心に傷をのこす、あるいはイジメの温床になるとされる。戦後民主主義教育の成熟がそこにあるのを、わたしも否定するものではない。だが、やってはいけないことを罰として指し示すとき、教育はときとして畏怖をもって行なわれなければ効果がないのではないか。ともあれ、暴力追放運動が市民社会の成熟の裏づけによって行なわれるのであれば、それにこしたことはないだろう。しかしながら、前述したとおり暴力団追放運動は、必ずしも市民の自発的・自立的なこころざしにささえられているばかりとは云えないようだ。

警察は本気で暴力団を壊滅しようとしているか?

組織はそれ自体が一個の生き物であり、たゆまぬ組織力の保持、すなわち生存本能をもっている。とくに警察と検察は、もてる生命力が旺盛な組織である、社会正義と法の遵守に燃える警察官たちの意欲、その使命感が結果的に組織としての自己を主張させる。

だからこそ、監督省庁の思惑をこえて警察と検察官僚が暴走することも少なからず、また独自の利害や権益を確保するために動くのである。しばしばそれは、最悪の利権としてあらわれてくる。検察の裏金事件(大阪高検)、警察OBの天下り先の確保、特定の政治家・政治団体への選挙違反をつうじた圧力。その見返りとしての特定の政治家との癒着による予算確保である。そして前節でふれたとおり利害のある財団法人からの補助金の獲得、町会など中間組織の取り込みなどが、独自の利益として作用するのだ。

普天間基地返還・辺野古新基地建設にゆれる沖縄県警、弘道会という二番目のターゲットを抱える愛知県警いがいは、ほとんどの都道府県警が北九州に部隊を派遣している。工藤會の組員の面割りもできなければ、地理の案内もおぼつかないが、おかげで北小倉の京町・魚町・堺町あたりは日本でいちばん警察官密度の濃い地域として、無類の安全性が確保された（現在は山口組分裂のあおりで、全国集中動員体制は解除されている）。

そのいっぽうで、工藤會壊滅作戦のじっさいの効力はあるのだろうか。なるほど工藤會会館は使用禁止（起訴事犯の謀議に使われた容疑）となったし、工藤會の中枢である田中組の事務所も閉鎖され、表立った活動は封じたとみるべきであろう。

しかしながら、工藤會壊滅はけっして実現できないだろうと、わたしは思う。おもて向きは、ある意味で徹底して「暴力団追放」「工藤會壊滅」を警察は叫ぶであろう。現場の警察官、捜査員たちも任務に忠実に、暴力団排除を日々の活動をつうじて実現しようとするであろう。

だがそのいっぽうで、個々の成員の思惑はべつのところにある。いや、警察官たちが表裏を抱いているのではない。誰の意志でもない組織としての警察が、ヤクザ（暴力団）をひそかに温存するのだ。本書の序盤でのべてきた捜査情報の必要からとか、賂《まいない》があるというわけではない。それは警察組織という存在そのものが、犯罪組織を前提に存立する単純な原理によるものだ。

事件が解決すれば当該の捜査本部が解散するように、ヤクザ（暴力団）が壊滅すれば、暴力団対策本部は解散するしかないのである。それでは個々の警察官僚や現場の警察官が、本当にそんなことを考えているかといえば、そうではないのだ。彼らの思惑の外がわにこそ、組織の生存本能は働いている。この本能は、成員の思いがけない行動として顕れる。

たとえば福岡県警は、病院のガードマン職に就いていた元警部補が工藤會に射殺された（二〇一二年四月）直後に、東署の警部補（四十歳）が捜査情報の見返りに金品を受け取るという収賄事件を起こしている。長年の持ちつ持たれつという関係が、思いがけなく金品を受け取らせてしまったのだろうか？　いや、そうではないだろう。

福岡県警は二〇一四年に工藤會のトップスリーを逮捕し、壊滅作戦の本格的な着手を宣言した。過去に秘書が工藤會と選挙がらみの密接交際があった安倍晋三総理には、みずからの申し出で県警を激励して市民に協力を呼びかけさせるという「踏絵」（七月十八日の中洲パレード）をふませている。いわゆる「工藤會壊滅作戦」の火蓋を切ったのである。

ところが、はやくも翌年の六月には、現場の巡査（二十四歳）が工藤會組員との関係を問われて書類送検（犯人隠避教唆ほう助容疑）されてしまった。若い巡査ですら、「良好な人間関係を築けば、業務がやりやすくなると考え」てしまうのであろうか。ことさらに緊張感が足りないのではない。人と人の関係において訊きだすこと、捜査を円滑にすることが有効だと考える。それが現場の感覚なのである。

そのかん福岡県警では、工藤會の組員に離脱を呼びかけてもいる。じっさいに工藤會からの離脱者を支援している例も、マスコミで紹介されている。しかしそのいっぽうで、本気で離脱をうながそうとしているのか、首をひねらざるをえない事件も起きてしまった。福岡市西区の男性（四〇歳）は二〇一五年一月に工藤會を離脱し、県警にその旨を届け出ていた。ところが県警の執拗な検問・職務質問がこの男性にもくり返され、ついにキレた男性はパトカーにクルマを接触させてしまう。その場で公務執行妨害の現行犯検挙となった（同年八月）。

その初公判（同年十月二十六日）のことだ。被告となった男性は、自分を取り締まった警部（五十歳代）が傍聴席にいるのを見て「おまえ、絶対ゆるさんけの。おれは八坂（工藤會八坂組）にもどって、ロケットランチャーぶち込んじゃるけの。念仏でも唱えとれ」と言い放った。こんどは暴力行為等処罰法違反で逮捕となった。

この警部がわざわざ傍聴したのは、工藤會関係者が傍聴しないよう、警察が傍聴に動員しているからだが、そもそもゼッケンやワッペンを着けた入廷を禁じる裁判所規則に違反していると、弁護団とひと悶着あった一件でもある。

ともあれ、この男性を工藤會から完全に離脱させ、いち市民として更生させるつもりならば、余計な検問や職質はするべきではなかっただろう。ヤクザ組織構成員への身分差別を訴えた別の裁判では「暴力団を離脱すれば差別は受けないのだから、身分差別には当たらない」という理由が述べられた例もあるが、実態はかならずしもクリアなフェイドアウトは可能ではないのだ。

このあたりにも、暴力団の存在を「必要」とする警察の事情がうかがえる。二十八万人体制の維持、警備予算の獲得のためには、取り締まる相手がいないのでは困る。これはすでに、調査・取り締まり対象がほぼ壊滅してしまった公安警察にも顕著にみられる傾向だ。警視庁公安部(極左暴力集団取締本部)は、調査対象に肩入れしてまで自分たちの組織を維持しようとしている気配が見受けられる。わたしの実体験として、その一例を挙げておこう。

調査・捜査対象が壊滅すれば、捜査当局も消滅する

もう八年も前になる。担当した警察官たちもそれぞれ異動を終えたはずだし、いまさら論《あげつら》われても当局に処分されることはないだろうという前提で、なつかしい出来事を暴露しよう。

二〇〇八年の洞爺湖サミットにあわせて、わたしは数人の仲間たちと北海道ツーリングを行

なった。テーマが環境サミットということもあって、クルマ社会からのフェイドアウト、原発の安全基準の見直し（中越地震のさいの振動速度1500ガルに対して、既存の原発は1000ガル以下の基準だった）、そして自転車活用による地球温暖化対策をうったえる。そんな趣旨の自転車キャラバンである。われわれの問題意識と耐震基準に関する指摘は、三年後（二〇一一年）に現実の災禍となった。コースは国会議事堂前を出発し、国道6号線を北上して東海村原発、福島第一・第二原発、仙台をへて女川原発、原発ゼロの岩手県をさらに北上して青森の東通り原発、核廃棄物再処理の六ヶ所村、大間原発建設地。函館に渡って長万部《おしゃまんべ》から洞爺湖、支笏《しこつ》湖経由で札幌入りである。

ブログで告知してあるから、国会前の警備のほうも準備万端。紹介議員立会いのもと、各省庁の担当者にも出向いていただき、おかげさまでぶっつけ本番の式次第は滞りなかった。国会前を出発すると、わたしの地元のチームの見送りもあって賑やかなツーリング初日となったが、上空のヘリがわたしたちをマークしたものだとまでは気づかなかった。そして、国道6号線を茨城県に入ったところで、警視庁公安部のワゴン車とセダンが二台、ピッタリと伴走してくるのを発見したのである。

しばらく付きつ離れつの行脚となったが、そのうちにワゴン車のほうに自転車が積んであるのがわかった。どうやら、サイクリングロードに入った場合を考えて、追走用に携行してきたものらしい。だが、持ってきた以上は走ってもらうしかないではないか。

そこで、うしろから近づき写真撮影したうえで、「持ってきたのなら、いっしょに走れ」と申し入れた。いっしょに走ればツーリングチームの一員である。監視のつもりでクルマだけ伴走するのなら「警視庁公安部が環境保護をうったえる自転車ツーリングを弾圧しているぞ」と喧伝するつもりだ。それはやめてくれということで、若手警官がわれわれとチームを組んで走ることになった。最初は坂道を上がれずモタモタしていたが、さすがに身体が資本の警備警察官である。けっきょく、札幌までの道中を二交代でわれわれといっしょに走りきった。いい思い出である。

いらい、わたしたちの環境保護をうったえるツーリングには、サポートカーよろしく警視庁公安部の自転車隊が伴走してくれることになったが、東日本大地震のあおりで途絶えてしまった。それにしても元過激派(?)の監視・情報収集活動とはいえ、警視庁公安部がその活動を応援するという、逆転した構造に失笑しないわけにはいかない。親しくなった捜査員は「こんどは沖縄に行きましょう」などと提案してくる始末だった。

警備予算の獲得・拡充という意味では、サミット警備は警察庁および警視庁にとって格好の場であろう。ここに書いた洞爺湖サミット(二〇〇八年)の場合、警察庁は海外からのNPO団体(環境保護・反グローバリズム)をふくめて、二万人が押し寄せると大々的にキャンペーンし、国民に協力を呼びかけていた。じっさいに札幌の大通り公園に集まったのは、わずか五千人足らずである。おそらく東京オリンピックに向けても、警備の充実をうったえるキャンペーンが行なわれることだろう。

われわれのほかは報道陣しか近づけなかったサミット会場・洞爺湖の警備は、もはや過剰警備を通り越して意味不明なものだった。おおむね十五分おきに要人緊急搬送のパトカーが連なり、多数の白バイを先導させて走り抜けていく。その前後の数分間は一般車両を止めてしまうので、自転車すら通行できない。われわれに帯同したBS局の取材クルーは、ほぼ一般車両が入れない場所に単独で入ったために、身ぐるみ剝がされるがごとき職務質問を受けるはめになった。それを各都府県警の部隊が検問箇所ごとにやるわけだから、戒厳令と同じようなものだ。

低調だったとまでは言わないにしても、数千人単位の市民デモに機動隊を大量動員し、誰も近づけないサミット会場を重警備で埋めつくす。これは北九州市小倉北区でくり広げられた、工藤會封じ込めの警備と同じである。そして構成員わずか五百人で、その三分の一ほどが拘置所と獄中にいる工藤會に対しての重警備が、実効性をあらわしているかといえば必ずしもそうではない。ひたすら警視庁をはじめとする他府県警から動員する実績のみが、警備予算を膨らませる。そういう虚構の実績なのではないのだろうか。

だから暴力団はつぶせない

十五年ほど前、雑誌創刊のときに出版業界紙の取材をうけて、わたしはヤクザ（暴力団構成員）の実数を十万人前後と答えた記憶がある。五代目山口組三万人と言われた時代である。現在、その数は数万に減り、山口組はかつて百三十まで増えた二次団体が八十前後に減少し、かつそれが分裂した。

おそらく十年後には、さらにひと回り組員の数が減り、ヤクザと呼ばれる人々は一万人を切るほどになっているかもしれない。しかし、警察庁が呼号する暴力団の壊滅という目標は、とても達成できないであろう。警察に能力がないのではない。壊滅作戦は十二分に本気でありながら、しかし警察組織の本能が壊滅対象を温存させるからだ。

いっぽうでヤクザの側も、もはやヤクザであることのメリットが限りなくゼロに近いにもかかわらず、個々人においてはともかく組織として解散することはないだろう。良くも悪しくも、伝統のある組織のそれが本能だからだ。清水の次郎長一家が直接縁がない人々によって再興されたように、いったん担い手が途絶えても名門は復活する。それが伝統というものだ。

現場の警察官たちの声はどうか？

『山口組分裂抗争の全内幕』（盛力健児・西岡研介・鈴木智彦ほか・宝島社）には、兵庫県警関係者の弁として、つぎのような話が掲載されている。

「サッチョウのエライさんが今後、あいつらをどないしょうと思てるんか、ワシら下のモンには分らん。けど、やっぱりウチ（兵庫県警）は、心情的には神戸（山口組）寄りなんや（笑）。表立っては言えんけど」

取材の精度はわからないが、地元の組（神戸山口組）を応援したいとしたうえで、弘道会を叩き出したい心情が「ウチがホンマに潰したいんは、名古屋（弘道会）」（前掲書）とづづく。

そのいっぽうで、同書は名古屋の風俗店を摘発した事件で愛知県警のＯＢが「風俗店の摘発情報を漏らす見返りに、飲食供応などの接待や現金を受け取っていたことを認め、他にも十人以上の捜査員が」「接待を受けていたと証言した」ことを暴露している。「弘道会による愛知県警の侵食ぶりが明るみに出た」「愛知県警と弘道会との癒着は、捜査員個人の問題ではなく組織ぐるみ」（いずれも前掲書）というわけである。

たとえば事務所の強制捜査にさいしては、テレビカメラも回っていることだし、ここがお互いに気合いの入れどころだとわかっているから「わりゃ、どこのモンや！」「大阪府警や、はよ開けんかい！」「なら、おととい来い！」という具合に怒鳴り合いになるものの、枝の組織の捜査では粛々と捜査がすすめられ、組員たちも非協力というわけではない。わたしの住む地域にもたびたび捜査をうける暴力団の三次団体の事務所があるが、捜査陣はいたってのんびりした雰囲気で組員たちと談笑しているものだ。

結論として、警察(暴力団対策本部)はけっして暴力団を壊滅できない。やる気はあっても絶対に不可能である。

なぜならば、暴力団を壊滅した瞬間に、彼らの組織も消滅しなければならないからだ。極左暴力集団がほぼ壊滅したいま、警視庁公安部(極左暴力集団取締本部)が、わずかに残存する左翼系のグループ(ほとんど環境保護や反戦平和の市民団体にすぎない)を、みずからテコ入れして温存せざるをえないように――。

ある恐喝未遂事件のレポート――わたしの体験から

もうひとつ、暴力団壊滅の「副作用」を見ておかなければならないであろう。ヤクザ組織から離れて、統制が効かなくなった個人、およびグループについてである。

じつは現役のヤクザ(構成員)よりも、元ヤクザ(脱落者)のほうがずっと怖い。これはいくら文章で説明しても空回りしてしまう事情なので、筆者の体験をお話ししたほうがいいだろう。

現役のヤクザといえば、ステレオタイプに眼光するどくいかつい顔、大柄でいかにも喧嘩が強そう。怒らせると狂暴で手に負えない。という表現をしてしまいがちだが、意外とそうでもない。まずもって、これは躾の良い組織にかぎられるかもしれないが、一挙手一投足にいたるまで、謹厳実直で礼儀正しいのがヤクザの実相であり、修行なかばの若者たちである。

親分の客人の前では、どのような粗相《そそう》もゆるされない。ソファに座った客人に跪《ひざまず》いておしぼりを出し、お茶とお菓子をウェイトレス以上の丁寧さで給仕する。親分が下がれと言うまで、茶を給仕した彼らは直立不動のまま、つぎの指示を待っているのだった。想像でも伝聞でもない、じっさいに筆者が見聞した風景である。

親分が「冷たいのを持って来い」と言えば、まるで体重がないかのように静かな動きで退出し、これまた気づかないうちに冷たい飲物をはこんできている。そのさい、親分の好みを熟知していなければ、部屋住みの仕事は一日たりとも務まらないだろう。かつて、大家の放蕩息子が行儀見習いのためにヤクザの親分に預けられたというのも、むべなるかなである。

部屋住みの若者だけではない。執行部は処分権を持っている点で組織のヒエラルキーの上位にあるものの、それも親分の信任によるものであって、鶴の一声でひっくり返る。幹部に序列はあるが、親分の前ではひとしく横並びの奴隷に近い。親分が白い鳥と言えば、カラスも白くなる世界なのだ。

だから逆にいえば、ヤクザとの付き合い（取材など）はトップとでなければならない。できれば当代の親分、少なくとも二次団体の親分でなければ、ほとんど何の権限もないのである。トップとうまくいっていれば、統制の効いた組織が客人（当方）をおろそかにすることはないのだ。ところが、組織のくびきを離れた元ヤクザには、したがうべき親分がいないのである。組織の統制を離れた屈強のワルがどんなものか、想像をたくましくして欲しいが、ここでは筆者の体験を紹介しておくことにしよう。

ある出版社から雑誌を立ち上げた時のことである。ちょうど幇《パン》（中国の伝統的結社）の老大《ラオター》（長老）の葬儀が行なわれるということで、わたしは台北に取材に出向いた。ノンフィクション作家に同行するかたちで、写真だけ撮れれば雑誌の巻頭をそれで飾るつもりだった。葬儀は入門前の若者が警護と案内にあたり、国民党の連戦氏（当時主席）の横断幕が飾られていた。葬儀のあとの直会《なおらい》では、新たに入門する青年がひれ伏して老大から祝辞を受けるのにも立ち会った。

取材は首尾よくいったが、雑誌発行ののちに思わぬクレームが入った。とはいっても台北の当該組織からではなく、同行した日本人グループの一員からだった。あんな記事を勝手に掲載して、どういうつもりなのかと、出版社に電話が入ったのだ。

一応わたしが編集者だからクレーム先に電話をしてみると、押し出しが強い割には言っているることがよくわからない。勝手に掲載したのはけしからん、どうするつもりかと、単にそう言うわけだ。要求を訊いてみると、「信頼関係の問題だ、よく考えろ」などと相手は言う。要求が

幇の葬儀（筆者撮影）

わからないのだから放っておくしかないだろうと思っていると、こんどは別の人物が「台北の組織が記事を問題にしている」と言ってきた。その電話の人物は、「われわれとしても手をこまねいているわけにはいかないので、出版社で会いたい」と言う。

会ってみると、台北で同道した人物である。仮にM氏としておこう。

そのM氏が言うには、お宅で掲載した写真に写っているのは殺し屋だ。許可もなく勝手に掲載するとは言語道断、こういう事案で不審な死体が出たりしている。目黒の事件を知っているか、靴の中に×××が詰め込まれていたんだぞ、などと言う。さんざん脅かしておいて、わしらに任せれば悪いようにはしないというニュアンスで、その場は終わった。ヤクザの手口である。

そして数日後、巣鴨のアパートの一室にあるM氏の事務所に、出版社の社長とともに呼び出された。しかし、ここでもよくわからない世間話をしただけで、もう脅すような電話はさせないから、という感じのことを言われてM氏の事務所を退出した。何のための訪問だったのか、まったくもって不明だった。

元組員がいちばんヤバイ

それからしばらくして電話があり、「先方とは、横山が台北に行くことで話がついた」と告げられた。これまた意味不明である。おそらく台北の組織にM氏もしくは代わりの者が案内することで、わたしに無断掲載の一件を謝罪させ、ついてはそのさいに土産として幾ばくかの金品を持参させる、そんな筋書きだったものと推察される。じつにソフトな強喝である。

だが、敵はわれわれの正体をほとんど知らないか、あるいはワンマン経営の出版社の強みを見くびっていた。この出版社はある芸能プロダクションの出版部門からスタートした版元で、サブカル系のパッケージがオモテ看板だが、じつは社会運動や現代思想の雑誌を抱える硬派な体質をもっている。そして脅したつもりの社長は、逮捕歴十七回という学生運動の筋金入りの元闘士であった。新左翼の内ゲバの殺し合いや芸能界の厳しさを経てきた壮年社長を相手に、年老いた元ヤクザの中途半端な脅しが効くものではない。

かく言うわたしも社長ほどではないが、公安事件で長期拘置を経験している身だ。不思議なもので、若くして刑務所（実際には拘置所）の雰囲気を体験すると、何も恐ろしいと感じなくなるものだ。もうおれはこの世の地獄の一端を見てきた、あれに比べれば娑婆の困難はお遊びにしか見えない、という感じである。

けっきょく、こっちが出るところに出るぞとも言わないまま、この件は立ち消えになった。あとで考えてみると、ちょうどこの出版社から数十万部のベストセラーが出たばかりで、それを狙ったものだと理解できた。そしてこれものちの話だが、M氏が元山口組組員で右翼団体の元代表、当時は総会屋系の出版社経営者であると判明した。つぎにM氏の顔をわたしが見たのは、大手IT企業強喝未遂事件でM氏とそのグループが逮捕されたテレビニュースだった。元暴力団組員は現役ヤクザよりもヤバイ。しかし手口があまりにもショボイの一例である。

もう一件、元ヤクザとの揉め事が、やはり同じ出版社から出したノンフィクション作家と独立系組織の親分との対談本をめぐって起きている。これもわたしの企画・編集だった。相手は関西のヤクザ組織を破門になった立場のグループで、名前こそ掲載していないがその筋の者にはわかる人々なのである。

この件は雑誌ではなく単行本だから、著者へのクレームとなるはずだが、相手の要求らしきものはそうではなかった。またしても、要求がよくわからない恐喝の予備事犯である。ただひたすら、あそこに書かれているのはわれわれに対する侮辱だ、どうするつもりだ、の一点ばりである。出版業・活字ジャーナリズムである以上、外部からのクレームや難癖は仕方がない。

しかし、このクレームが巧妙で厄介だったのは、電話に出た無関係の社員編集者に対して、「お前はどう思うのか?」「君も無関係ではない」「われわれは山菱（山口組）に現役復帰の目があるんだぞ」などと無差別攻撃を加えてくる点だった。連日連夜、凄みを利かせた声であれこれと非をなじり、ときには言葉を荒げてくる。もともと世間に物議をかもす出版物で知られる出版社だから、編集者たちはヤクザの「誠意をみせろ」攻撃には慣れていたようだが、全員がそうというわけではない。名誉毀損事件の被害者をよそおって、出版社側が音をあげるのを待っているという感じのクレームだ。

現役のヤクザなら、かりに記事に誤りがあってもそれを指摘するにとどめる。そのさい、所属組織も名前も名乗らないことが多い。問題が顕在化し、よけいな面倒が増えるのを嫌うからだ。名を明らかにするのは、いっさいの裁量権をもっている当代の親分であろう。そのさいもまことにスマートなもので、厚意で恩を着せるという意味がある程度だ。

けっきょくこの一件は、入れ代わり立ち代わりクレームを入れてくるうちの、比較的穏健で話ができる相手の「われわれもメンツがあるから、こういうことになった」という話で終わりになった。最後のフレーズは、お宅から金品を巻き上げるつもりは最初からなかったというニュアンスで、ヤクザ者の矜持をたもったということであろうか。元ヤクザのヤバさと同時に、彼らの誇りも感じさせる一件だった。

ヤクザは取れるとわかればクレームでソフト強喝をしてくるかもしれないが、道理が立たないことは基本的にやらない。なおかつ、トップに話を持っていけばかならず収まるものだ。ところが、元組員には歯止めになるものがない。組織のくびきから離れたヤクザは、最低限の仁義と礼節をうしない、しかも社会の目からのがれてしまう。中途半端な暴力団排除運動によって、ボーダレスな元ヤクザ・元組員を増産する愚は避けるべきだろう。

いや、すでにヤクザはボーダレスな部分にシノギを移しはじめている。その典型的な例がすでに見てきたとおり、ヤクザマネーの合法領域への浸透である。

山口組マネーに踏み込めなかった国税・功名心に走る警察官僚

一説に、山口組のヤクザマネー（総所得）は、八〇〇億ドル（九兆四〇〇〇億円）だといわれている。アメリカのタイムズ社が発行するフォーチュン誌の試算である。警察庁の分析もほぼ同じなので、このにわかに領けない膨大な金額を、それとして信用するしかない。

ちなみに企業でいえば、日立の十一兆八〇〇〇億円につぐ八位ということになる。官庁でいえば、国土交通省が六兆八五〇〇億円、防衛省が五兆円。東京都は六兆円である。

この膨大なカネを動かしている組織は、しかし法人税や所得税をまったく支払っていない。組員（従業員）たちもしかり。おそらく最低限の国民年金、国保料、そして学生並みの住民税しか払っていないであろう。

その理由はじつにお粗末な話で、国税当局が査察に踏み込まなかったからである。踏み込まなかった、と過去形で書いたのはほかでもない。しびれを切らせた法務官僚中枢のある人物が、警察庁をして暴力団対策法、および暴力団排除条例の施行を急がせたからである。暴対法およびその改定、暴排条例に反対する勢力はなかった。

警察官僚が暴力団排除に動いているいくつかの理由は後述するが、わたしは巨額な利益に対して課税するのが、暴力団対策の本来であろうと思う。不正があれば、税務調査の過程で告発すればよいのである。かりに暴力団をつぶしてしまえば、すでにその資金で回っている日本経済が成り立たない。現在、株式投資に回っているカネが暴力団のものとそうではない匿名の投資家のものと、いったいどうして判別ができるというのだろうか。お金に色が付いているわけではないのだ。

山口組五代目の渡辺芳則は晩年、国税当局の査察を何よりも恐れていたという。これは当時、複数いた五代目付き秘書（直参組長）の証言だ。架空の証言ではない。山健組の有力幹部から聞かされた話である。

「まわりの者があないに言うもんやから、晩年の親分は気分が晴れないことが多かったんや。税金対策をせなんだら、根こそぎ持っていかれるんやないかて。親分は悩んどった」

じじつ、渡辺五代目は財産を道子夫人名義にすることで形式上離婚し、みずからの引退の日に夫人が経営する高級ブティックを閉店させてもいる。

国策はしかしながら、ヤクザから徴税するのではなかった。暴力団の事務所を使用禁止にして、日常的な検問体制で締め上げる手法が採られたのである。そして暴排条例である。

平成二十三年の施行から丸五年になろうとする暴排条例は、本当に効果を生んでいるのであろうか。ヤクザマネーは以前よりもいっそう深い闇にまぎれ、合法的な第三者の投資会社で運用されているのが実態だという。そのいっぽうで、シノギを締め上げられた食えない暴力団組員たちが、さらに密室的な詐欺行為に血道を上げるようになったのである。

ヤクザのマネーゲームと戦国期の貨幣政策

ここでふたたび戦国時代後期の貨幣政策に、わたしはヤクザマネーの原基を見いだすことができる。戦国時代の後期において、現代の金融・証券市場の規制緩和に比する激変があったからだ。

　永禄年間から、室町幕府が事実上ほろんだ天正期にかけて、戦国乱世が急速な終焉をむかえたのは周知のとおり。織田信長が今川義元を討った永禄三年の桶狭間合戦から、豊臣秀吉が関白になる天正十三年まで、わずか二十五年間である。鎌倉時代に燻りはじめ、南北朝騒乱から応仁・文明、その後のおびただしい戦乱の数百年が、四半世紀で終焉したのである。

　その原動力は信長による他国併呑、分国化政策による急速な新秩序である。鎌倉いらいの守護体制、寺社の荘園や座（特権商人）もこの時期に解体されている。そして複雑に入り組んだ土地所有を明確にする検地の開始、兵農分離、城下町の形成、港湾の整備——。

　これらは、鉄砲および大筒（大砲）という武器を抜きには不可能だった。合戦はあいかわらず敵味方の距離がある遠戦だったが、鉄砲の鉛玉は容易に甲冑をつらぬき、大筒は中世城砦の土塁を粉砕した。鉄砲の脅威から石垣が組まれ、やがて壮麗な近世城郭が生まれることになる。江戸初期にかけての巨大城郭は、古代王権の巨大仏閣に比する建築ラッシュだった。

　そしてこの時代、日本には五十万挺の鉄砲があったとされる。総人口は二千五百万と推定されているから、同時期のヨーロッパ諸国が数百万（独立したアメリカは九十万人）だったのに比べて、日本の国力は突出している。まさに軍事大国ともいうべき存在だった。

もうひとつのファクターは銀だった。あいつぐ合戦が大量の鉄砲を求めたのだとしても、それを可能にする要件がなければならない。それを可能にする要件は、たしかに存在していた。じつは鉄砲の伝来と前後して、日本にはシルバーラッシュともいうべき経済上の転換期がおとずれていたのである。

天文二年（一五三三）石見において銀が採掘され、灰吹法によって純銀が産出したのである。この銀を毛利元就が朝廷と幕府に寄進し（永禄五年）、洛中に流通しはじめた。それまでにも、室町幕府のもとで中国交易に使われていた。銀を輸出し、唐物と呼ばれる陶磁器や工芸品、そして銅銭を輸入していたのである。その銀が通貨として流通するようになった。

もっとも、銀の国内流通は博多のほうが早く（永禄二年）、伊勢の御師《おし》（諸国をめぐる伊勢神宮の札商人・観光ガイド）が媒介となり、安芸宮島、出雲、肥前という具合に商業港に多く記録がみられる。ということは、やはり海外貿易に使用されたのである。

金の流通はもっと早く、一六世紀前半には奉納というかたちで寺社の記録に残っているが、贈答品がもっぱらでその多くは蓄蔵されたものと考えられる。いずれにしても、金や銀という高額貨幣の流通によって、それまでは危険な地域の通行に用いられていた為替が普及した。この場合の為替は伊勢御師の信用とネットワークが担保となり、一種の金融機関となったのである。

米はなぜ銀に取って代われたのか

問題なのは、貿易通貨としての銀であろう。たとえばこういう記録が残っている。永禄十年(一五六七)、大友宗麟はポルトガルの司教ドン・ベルショール・カルネイロに宛てて、対立する毛利元就に硝石の輸出をしないよう求めている。そして大友宗麟はポルトガル船の司令官を通じて、良質の硝石二百斤(百二十キログラム)を豊後に送るよう求めているのだ。そのさい、一貫目の銀三・七五キログラムを対価としている。

上杉文書によれば、大友宗麟は黒色火薬の調合法をはじめて文書化(「鉄放薬之方並調合次第」)した大名である。硝石が十五パーセントに対して、硫黄が五パーセント、粉体化した炭素(墨の粉)を合わせて玉薬とする。大友宗麟は「国崩し」と呼ばれる石火矢(大砲)も保持していたとされるが、のちに硝石は五箇山などで産出の記録があり、日本の古民家に特有の縁の下で繁殖する菌の結晶化、いわばバイオテクノロジーだったことがわかる。

それでもなお、良質の硝石は畿内では輸入に頼っていたのであろう。畿内では堺の鉄砲商人、根来の一向宗徒が鉄砲と玉薬を独占するところとなっている。硝石の輸入対価におびただしい銀が充てられたのは想像に難くない。

ところが、貿易通貨としての銀が国内市場に出回った形跡はすくない。『信長公記』にみられる矢銭（制札発行費＝用心棒代）は永楽通宝の貫高であり、信長が家康にくだした堪忍分の贈答は黄金である。秀吉が発行した天正小判（主に贈答用）は銀ではなく金なのである。そして秀吉の太閤検地において、通貨は銅銭から米へと切り替えられる。

この事実は、ついに独自貨幣を発行できなかった織豊政権の限界であろうか。金貨小判の鋳造権を握ることで市場を支配し、間接的に幕府財政をコントロールした江戸徳川家に比して、織豊政権の経済政策はいかにも貧困である。むしろ早くから貫高制を敷いていた東国において、武田信玄の甲斐金（蒜藻金・碁石金）、上杉謙信の天正越座金、佐竹氏の銀貨、北条氏の永楽銭限定の選銭令など、近世的な先取りがみられる（江戸時代の四進法は、武田信玄の貨幣政策をそのまま採用したものだ）。

石高制に固執した秀吉に弁護があるとすれば、米が貨幣よりも使用価値である点をおいてほかにないだろう。古典派経済学やマルクス主義経済学によらずとも、貨幣が交換価値をはたす商品であるのは周知のとおり。貨幣は喰えないのである。

そして中世の流動的な人の流れ、すなわち土地に縛られない流通形態に対して、秀吉においては人々を土地に固定したい支配原理があったからではないだろうか。というのも、水耕田は秀吉の戦国末期に飛躍的に発達し、すでに永禄年間の飢餓から脱していたのだから――――。

平成のヤクザマネー

飢餓のない現代日本においては、米よりも銀行券という紙切れが問題になる。

たとえば五代目山口組の直参だった盛力健児は、その著書『鎮魂』（宝島社）のなかで山口組が時代の変化とともに拝金主義となり、武闘派である自分の出番がなくなってゆく過程を述懐している。その盛力自身も数十億単位のカネの物差しで山口組の盛衰を語ることで、自己撞着におちいっているのだから、なるほど経済ヤクザの覇道は任侠道にもとるということになろう。

山口組の宅見勝、許永中（非組員）、生島久次、稲川会の石井進ら経済ヤクザと呼ばれる面々は、八〇年代なかばのバブル経済における土地取り引き、地上げを入り口に不動産業に参入することで巨財をなした。同時に、関西新空港や大阪都心部の再開発、名古屋国際空港、大規模ショッピングセンター（いわゆる商業モール）など、土木・建築という本来のフィールドにフロント企業を参入させ、あるいは工事の分担を仕切ることで巨大な利益（裏ガネ）を取り込んできた。地元のブローカー（業者の元締め）や政治家、ときには警察を巻き込んだ談合による、事業利権の配分である。

一般に、ヤクザの専門稼業には不動産、土木・建築（解体業をふくむ）、運輸などのハードなもの。飲食業や風俗産業、およびそれに従属する仕出し（弁当屋）、人材派遣（パーティコンパニオン）など、意外にも実業分野である。闇金融も大きな資金源だが、ラーメン屋やパン屋さんという例もある。

博打のテラ銭、みかじめ料やカスリといった寄生業務、露店や路上スカウトの守り代など、旧来型のシノギは影をひそめているといいえよう。博打も賭場をひらくものではなく、携帯電話一本で済む野球賭博（贔屓チームに一本一万円から）、飲食店の裏に併設する闇カジノなどが主流だ。以上はじっさいに取材し、わたしが直接見聞したものである。

暴力団といえば覚醒剤という連想は、警察が喧伝したものであって、いまや組員の覚醒剤売買を禁止していない組織は表向きは存在しない。にもかかわらず覚醒剤販売に走る者は、警察官がストレスのはてに性犯罪や飲酒運転事故に身を滅ぼすのと同じで、本人が中毒患者か金銭的窮乏のすえに手を染めるかのいずれかであろう。その意味では、ぼったくりにせよ覚醒剤販売にせよ、あるいは「オレオレ」詐欺なども、公然たるシノギを暴対法・暴排条例で奪われたヤクザの窮乏化によるものといえる。

しかるに、九〇年代なかばからの株式市場の規制緩和は、巨額の資金をもったヤクザに新しいシノギの道をひらいた。ちょうど暴対法の施行時期とかさなる。資金を必用としているＩＴベンチャーや証券マンたちが、暴力団資金にむらがってきたのである。

NHK「ヤクザマネー」取材班は、ドキュメンタリー番組の取材過程をまとめた『ヤクザマネー』（講談社）を上梓している。その内容は、まさにヤクザ（暴力団）のシノギが金融・証券分野に進出した実態をレポートするものとなった。章立てを紹介しておこう。

第一章　株で儲けるヤクザたち
第二章　80億円の男
第三章　ヤクザに生き血を吸われた会社
第四章　共生者たち
第五章　ヤクザいまだ滅びず
第六章　翻弄される捜査

このレポートでは、コクピットと呼ばれるパソコン端末の前で電子取り引きをする実態が明らかになっている。そこはヤクザが出資し、元証券マンが仕切るディーリングルームである。九八年の証券取引法の改正にともない、インターネット証券会社が認可されることで可能となった業態なのだ。証券会社は免許制から登録制に変わり、さらには私設取引システム（PTS）が金融商品の電子取引を可能にしたという。

そのいっぽうで、NHKレポートは「おやっさん」と呼ばれる年輩のヤクザが、一万円や二万円の守り代（親睦会の会費名目）で街の若者たち（路上スカウトや客引きホスト）の用心棒を引き受け、トラブルがあるたびに「すっ飛んでいく」のを紹介している。若者たちを励ましながら、街の治安（?）を引き受けるおやっさんの人情味に、思わずほだされるものを感じるのはわたしだけではないだろう。そのおやっさんもまた、地道な稼ぎをインサイダーまがいの投資に振り向けているという。

資金の成り立ちがブラックマネーであることを除けば、すべて合法的な商取引である。おカネに色が付いているわけではないから、誰もそのカネの出処を証拠抜きで問い糺すことはできないのだ。若い世代のベンチャー事業に目を向けない日本の財界、投資家たちの冷淡さ、保守的なスタンスがＩＴベンチャーとヤクザマネーを結びつけていると、わたしは思う。

おそらくここから先、ブラックマネーとされる資金の流れを解明するには、これまでの暴対警察の手に余るであろう。マネーロンダリングの捜査はおそらく超法規的な手法で、たとえば暴力団組員の通話や通信にかぎらず、共生者といわれる人々の日常生活に踏み込んだものになるはずだ。そこは違法捜査との線引きがむつかしい。

しかも合法領域の捜査に、絶対の決め手があるわけではない。名義を変えた株式取得や現金での企業投資をどうするのか。ヤクザを金融機関から締め出した結果は、金の流れが把握できなくなってしまっている。かつては組の事務所に組員の名前が木札で明示してあったように、ヤクザ（暴力団）の活動がガラス張りだったことを思えば、かぎりなく地下への道を開いたのかもしれない。ここで言う「地下」とは、一般の商業社会にかぎりなくヤクザマネーが融合することである。

わたしの友人である商社マンは、事あるごとに「僕らは高級ヤクザですよ。利権は絶対に離しませんからね」というのが口癖である。たとえばスカイツリーの建設資材の手配が終われば、つぎは東京オリンピックに向けた建築事業の準備に、東南アジアに金属の買い付けに走る。省庁の幹部やゼネコンの営業マンをまじえた会合（接待）は連夜におよび、みずからも下請け業者からの接待に応じるという。おそらくその中には、本物のヤクザのフロント企業やその息がかかった業者が参加していることだろう。

名古屋国際空港建設あたりまではヤクザが事前に参入事業者を仕切り、事業者と行政から巨額の地元対策費を掠め取っていた。いまや暴力団と交際のある事業者は公共事業への参入が禁じられているが、交際歴がない企業に名義を変えてヤクザマネーが増殖する。これで事態は闇の領域と化すのである。ここにいう「闇」とはヤクザマネーの拡散、暴力団の一般社会への同化にほかならない。もはやヤクザマネーは見えなくなった。

市民社会の成熟こそ、ヤクザ（暴力団）を変容させる

前節でわれわれは、ヤクザマネーが地下に潜らざるをえない事情を検証してきた。従来型のヤクザにとっては、息もできない経済環境が現出したゆえんである。

いまや旧来のヤクザマネーは、その入り口もストックも、そして出口も、土建業や繁華街から姿を消すことになっているのかもしれない。少なくともゼネコンを軸とした大規模プロジェクトからは排除され、フロント企業や提携企業においてすら公共事業への参入は難しくなった。公然とヤクザを名乗るかぎりは――――。

そう、ヤクザを名乗るかぎりは、合法的な事業への銀行融資はおろか、個人として口座をつくることもままならない（虚偽による口座の詐取）。ゴルフ場にも入れない（虚偽による入場）。喫茶店ですら尾行してきた刑事が、店側に「彼は反社会的勢力の構成員である」「ゆえにコーヒーを出して供応することは、反社会的勢力への利益供与になる」「彼にコーヒーを出すな」などと、信じられないようなことになっている（利益供与の禁止）。

この強権的な、およそ社会的平等や基本的人権を無視した排除の論理はしかし、われわれの社会が受け容れた世紀の奇跡ともいうべき、超法規的措置である。暴力団抗争は組織的な事業

であるから、使用者責任として末端の者の行為に親分が責任を問われる。この判例をもって、山口組の分裂抗争は今のところ封じられている。荒ぶる侠《おとこ》たちを、がんじがらめに縛った法とその執行者は、ある意味で賞賛されてしかるべきであろう。とんでもない法律という意味である。

そしてそれが、底知れぬ危うさを秘めていることを、われわれは片時も忘れてはならないのである。暴力団（ヤクザ）をここまで封じ込めた暴対法と排除条例の効力は、まぎれもなく日本社会の成熟によるものである。社会の消極的な同意なくして、このような法律は成り立たない。同時にその社会の成熟とは、したがってこの憲法違反の法律が孕んでいる危険を熟知したものでなければならないだろう。

言いかえれば、歴史的な地平にある特例としてのみ、暴対法および排除条例は存在をゆるされているのだ。それがどんなかたちで了解されているのかは、いまのところ不明である。おそらく不承不承にも世間を騒がせる愚を知っているヤクザの定見において、可能になるのだとわたしは思う。われわれの市民社会の成熟こそが、暴力団（ヤクザ）をして変容せしめる理《ことわり》がそこにある。

成熟とは安定である。わが国の社会と経済は、すでに生産力第一主義の高度成長時代ではなくなった。社会的な安全性、人命の重視が社会の底辺までおよんでいる。交通事故も二〇年前は一万前後の死者を出していたものが、五千を切るまでになった。社会全体に閉塞感がありながらも、かつての大躍進をもとめないがゆえに安定しているのだ。ここ数年は自然災害の影響もあって、絆をもとめる社会的協調・連帯・共生などの思想が、もともと日本人がもっている親和的な国民性を引き出したかのようだ。

これは凶悪事件にも反映しているとみるべきであろう。犯罪発生率もここ十年ほどで驚くほど低減している。殺人事件にかぎれば、一九五四年の三〇八一件をピークに二五〇〇件前後で推移していたものが、一九七七年を最後に二〇〇〇件を切り、二〇一三年に千件を下まわっている。ヤクザ（暴力団組員）の減少は、この流れと相即であるとみなしてよい。彼らも変わろうとしているのだ。

六代目山口組は「山口組新報・第八号」（十一月配布）において「山口組は家族です。処分された者の若者に責任など何一つありません。軽挙妄動は慎み組員の皆様で兄弟分・知り合い等あらゆる縁を以って彼らに説明し、家に帰るように説得してほしいと思います」と、橋本弘文（統活委員長）の文章を掲載している。離脱組織に走った若衆（三次以下の団体および諸個人）に復帰を呼びかけたものだ。これを単に抗争をできない焦り、水面下での激しい勧誘合戦によるものと考えるのは皮相にすぎるであろう。

社会の許容力を誰よりも感じているのは、六代目山口組および神戸山口組の幹部たちにほかならないはずだ。彼らもまた時代の空気からはなれて存在するのではなく、間主体的（関係性のなかに形成される主体は、したがって社会にあらかじめ組み込まれた関係性で構成された存在）な現代社会の一員なのである。カルト教団は措くとして、一定の社会性をもった人間集団を孤立的にとらえる誤りこそが、社会に分裂を兆すのである。

したがって、いかにヤクザを排除して孤立させせようと、かつての左翼過激派がそうだったように、日本社会の寛容さは彼らを別のかたちで生き延びさせるであろう。むしろ中途半端な放置・脱退者こそが危険である、とわたしは思う。

暴力団の転身モデルはあるか?

山口組は創立百年の年に歴史的な分裂にいたり、警察庁の壊滅作戦以降の工藤會は、本部機能がほぼ停止状態になっている。稲川会、住吉会、極東連合会、会津小鉄、共政会や道仁会、浪川会などの有力組織も事情はそれほど変わらない。ヤクザ受難の時代である。いさぎよく解散という選択肢もあるのだろう。けれども前述したとおり、元ヤクザ（元組員）というのがいちばん厄介なのである。統制をはなれた元ヤクザをただちに更生させる方途を、現在の日本国が持っているとは言いがたい。じっさいに警察は元組員を取り締まっている。

そんなわけで、わたしは単純な解散には反対である。もっと違うかたちで、元組員などという厄介な半グレを出さずに、組織を暴力からフェイドアウトする方法があるのではないか。次期の組織モデル、次世代のヤクザ（任侠道）の仮想モデルだ。

そのモデルについて現実性があるかどうかわからないが、選択の具体性はないではない。「元組員がいちばんヤバイ」の節でふれた、華僑系の伝統的結社である幇がその一例になるだろう。

幇の源流はフリーメーソンなどと同じく同業者組合（水運業者のギルド）である。社会的には秘匿された会員制のクラブと考えればわかりやすい。現実の社会では有効な肩書きにはならないものの、会員同士の友誼や絆がコミュニティとして成立するのならば、それは会員にとって実体のあるアイデンティティが実をむすぶ。海をこえてつながる、華僑ならではの共同体というべきなのかもしれない。そこでは独自の価値観にもとづく顕彰と位階があり、秘匿された盟約が会員の生活に深みを与えるはずだ。それは日常の延長にあるラインやネット上のフォロワーというコミュニティとはちがう、ある種の盟約的なアイデンティティとなる。

たとえば、家族に知られない個人の個的盟約によって結社（クラブ）の一員である実感は、彼（彼女）にとって日常的な社会的属性（夫婦であり父母である、あなた。会社員であり、地域コミュニティの一員、さらには母校の同窓会員、スポーツクラブの会員である、あなた）を、もうひとつ超えた存在たらしめる。固有の文化にのっとった属性による盟約、そしてその神聖な誓い。それが幇（のような組織）なのである。それ以上でも以下でもない。

卑近な例にたとえてみよう。体育会の伝統的な縦の系譜では、ある日知らない先輩から電話がかかってきて「次回の会合の準備を君がやることになった。おれも手伝うからよろしく」などということがあるはずだ。わたしは大学は体育会系ではなかったが、じっさいに一九五〇年代の全学連ＯＢから「君がわれわれの本を作ることになった。よろしく頼む」という唐突な電話をいただいたことがある。母校の出版系の人脈から、どうやらわたしが選ばれたらしい。一方的な指名には微妙な気分だったが、選ばれたことは嬉しかった。ことによっては迷惑な場合もあるかもしれないけれども、こうした例は伝統的な盟約のなせる不思議な縁であって、心地よいアイデンティティである。

日本の任俠団体がこの時代に、その本来の紐帯である仁義・礼智・信の擬似ファミリーを維持するのならば、看板や代紋を個人の所蔵庫に仕舞うのも選択肢ではないだろうか。伝統的な結社は名前だけであれ、けっして滅びることはない。それは連綿として紡がれる文化であり、そこに根ざすアイデンティティだからである。

警察の暴対本部が、みずからの存続のために暴力団を保存するのは明らかであり、かたやヤクザがその文化的紐帯を打ち捨てられない蓋然性はきわめて高い。ヤクザ（暴力団）が滅びないのはしたがって明白であろう。ヤクザが壊滅する時に暴対本部も消滅しなければならないのだから、ひるがえって暴力の変容の実質こそが、時代のもとめる現実的な選択なのだ。

その変容のさいには、これまでのほぼ企業体化した組組織は合法的な法人として、徴税に応じるべきであろう。土地と事業がおおやけのものであり、それに従がう国士《こくし》であればこそ、そのような態度が現実性を感じさせる。そこではじめて土地争いの暴力の歴史は、「官」ではなく「民」というおおやけの下に止揚されるはずだ。

あとがき

表題の「山口組と戦国大名」というテーマは小野登志郎氏（小野プロダクション代表）からいただいた、いわば二つの大仰なキーワードを冠にした暴力論である。偶然だが小野氏はわたしの高校の後輩で、氏が早稲田大学在学中にわたしの雑誌立ち上げに協力してもらったのが、仕事をともにする機縁だった。共通のテーマとしてあった、ヤクザをはじめとする民間暴力の現在と将来、および戦国時代の戦略戦術論が本書を起案させたことになる。

冒頭にも書いたとおり、戦国大名とヤクザ（暴力団）というテストステロン（暴力的な男性ホルモン）を共犯者に起筆しようとしたところ、土地の所有権・占有権をめぐる政争は古代史に遡らざるをえなかった。古代史上もっとも有名で、スキャンダラスな事件の裏側にあったのは、じつに古代仏教国家における女帝親政と藤原一門の土地制度をめぐる抗争だった。

女帝の古代王権が神殿から引きずり下ろされ、男性貴族たちの官僚制によって土地が私的に独占されてゆく過程にこそ、わが国の政治と社会の原基を見いだせる。さらに武家政権の登場によって、土地争いは剝き出しの暴力をともなう。そして戦国期こそ、史上はじめて土地が「おおやけ」から「わたくし」の手に渡る時代であった。それはヤクザの歴史にかぎりなく似ている、とわたしは思う。

したがって本書の構成は、日本史とヤクザ史の対比でやたらにゴテゴテとしている。単に同じケーススタディを並べてみただけでも、ヤクザ（暴力団）の行動様式と戦国大名のそれが酷似していることがわかる。ビジネス戦略や経営戦術を戦国時代にたとえるよりも、合戦と喧嘩出入り（暴力団抗争）のほうがはるかに直截でわかりやすい。そのわかりやすさは、人間が科学技術や生産力においてはともかく、暴力の発動ではこの五百年間まったく進歩していない証左であろう。いや、それは数千年単位の文明史にかかわることなのかもしれない。

日本史上、土地の私的所有は戦国大名とヤクザをおいてほかにない。あるいは戦国期に起きたシルバーラッシュが、こんにちのヤクザのマネーゲーム参入に似ている、等など——かような手がかりをもとに、最新の歴史研究を援用し、古代から戦国時代、江戸期までの政治と暴力の関係をたどってみた。このあたりは、歴史探求の妙味を愉しんでいただければさいわいである。その山口組は創立百周年の平成二十七年に、歴史的な分裂を刻印した。ひとつの時代の変化、歴史の結節点であろう。

いっぽう、暴力をテーマにするとき、われわれは暴力をいかに防止し、そこからフェイドアウトする方法、またそれが可能なのかという人類史的な課題を背負うことになる。暴力の本質を突き詰めれば、ヤクザのような民間暴力も公的暴力としての警察権力も、あるいはマスコミが主導する暴力排除という社会的制動もまた、おなじ暴力の別のあり方として浮上してくる。この場合の社会的制動には、身分および職業差別というファクターがふくまれるだろう。暴力を排除する正義そのものの内実が、そこで問題になるわけだ。

昨今の暴力団排除は、反社会的勢力の一掃という新たな流れで、大物幹部の逮捕が何次めかの頂上作戦として進行している。暴力を排除する国民の意識の成熟、社会的コンセンサスも確立しつつあるのだと言っていいだろう。その意味では、暴力からのフェイドアウトは現実に進行している。平成の世、および二十一世紀日本社会の成熟が感じられる。

しかしながら、暴力団を排除した先にある街のモデル、あたらしい社会システムがそこからは見えてこないのである。暴力団を封じた反作用として立ちあらわれている、半グレや外国人犯罪の多発に警察力は対処できていない。この対策を欠いた暴力団排除は、盛り場における秩序の崩壊へとつながるであろう。

暴力に代わるあたらしい社会システムの具現化は、その意味でいまだ闇のなかにある。われわれの民主主義も、司法警察という暴力にささえられている以上、暴力支配の一形態にすぎない。だとすれば、暴力の契機とその過程をつまびらかに分析し、その根源をあらわにするいがいに方法はない。あるいは暴力の限界のなかに、その廃絶の糸口が見出せるのではないか。これが本書のほんらいのテーマであった。

その糸口はさしあたり、わたしたち自身が暴力を怖れない成熟した市民であること。法の正義と尊重において、それは初めて可能になる。したがって法の正義とその安定性は違法な立法に対しても、監視の目をたやすことなき市民社会の成熟をもとめるであろう。おそらくそれは、暴力を封じる暴力の弊害についての自覚を、われわれ自身が内在化することである。暴力の超克とは、そのさきにあるはずだ。本書はその作業の道筋を提案する、パフォーマンスのひとつにすぎない。

かようなわけで、雑誌編集者出身の悪癖で雑多なつくりの一冊になった。しかしこの種のテーマは、雑であるほど問題意識の核心に多角的にふれられ、また読み応えもあるのではないだろうかと思う。文中、敬称は略させていただきました。ご購読に感謝いたします。

（著者敬白）